1845

Ledru-Rollin, Alexandre-Auguste

Jurisprudence française. Répertoire général du Journal du Palais. Introduction

De l'influence de l'école française sur le droit au XIXe siècle

INTRODUCTION

DE L'INFLUENCE DE L'ÉCOLE FRANÇAISE SUR LE DROIT

AU XIXe SIÈCLE;

PAR M. LEDRU-ROLLIN

DOCTEUR EN DROIT,

AVOCAT AUX CONSEILS DU ROI ET A LA COUR DE CASSATION,

MEMBRE DE LA CHAMBRE DES DÉPUTÉS.

PARIS

PUBLIÉ PAR F.-F. PATRIS

Aux Bureaux du Journal,

RUE DES GRANDS-AUGUSTINS, 7.

1845

INTRODUCTION

DE L'INFLUENCE DE L'ÉCOLE FRANÇAISE SUR LE DROIT

AU XIX· SIÈCLE.

Saint-Simon, méditant une nouvelle philosophie générale, était surtout préoccupé du désir de *rendre l'initiative à l'École française*. Peut-être, s'il eût accompli son œuvre, se serait-il aperçu que, cette initiative, l'Ecole française ne l'a jamais perdue. C'est là une assertion qu'il ne serait pas très difficile de justifier ; nous laissons cette œuvre à d'autres plus compétens que nous.

Si toutefois le plan de ce recueil et la spécialité de nos études ne nous permettent pas de soutenir cette thèse en ce qui concerne la philosophie générale, on ne s'étonnera pas sans doute que, dans le domaine du droit, nous osions revendiquer la place qui appartient à l'Ecole française, et protester contre la modestie de nos compatriotes, qui ont pris trop au sérieux les prétentions scientifiques de l'Allemagne.

La supériorité pratique, voilà ce que les docteurs d'outre-Rhin veulent bien concéder au jurisconsulte français ; mais pour ce qui est de la conception théorique, de la science des principes, ils se posent en maîtres, et ne parlent qu'avec un superbe dédain des noms les plus illustres de l'Ecole française. A leurs yeux, Montesquieu est un esprit

1

étroit et incomplet, et les rédacteurs du Code ne sont que d'infimes greffiers (1).

L'habileté dans la pratique ne serait pas, après tout, un mérite à dédaigner; car la science pratique est le signe d'une saine logique, la pratique exacte n'étant qu'une déduction rigoureuse de la théorie. Nous irions même jusqu'à penser qu'une bonne application du droit vaudrait mieux, pour le bien-être des peuples, qu'un ambitieux enseignement.

Mais s'il nous est permis de revendiquer davantage encore, si la vérité historique, bien plus que la vanité nationale, nous oblige à combattre de fausses prétentions et à réparer d'injustes oublis, nous n'avons pas le droit de renoncer à la réhabilitation de notre pays, dans la crainte mal fondée de paraître trop bien penser de nous-mêmes.

Pour accomplir sûrement notre tâche, il nous faut remonter aux sources mêmes du droit, l'interroger dans son essence; nous pourrons apprécier ainsi les services réels ou fictifs rendus à la science, et la valeur des titres de chaque Ecole.

« La science du droit, dit Ulpien, est la connaissance des choses divines et humaines. » Cette définition est heureuse, en ce qu'elle résume complètement tout ce qu'il y a dans le droit : le nécessaire et le contingent, l'absolu et le relatif, l'immuable et le transitoire, ce qui est indépendant de l'homme et ce qui dépend de lui, enfin, pour tout dire en deux mots, le divin et l'humain.

Montesquieu a dit : « Les lois sont les rapports nécessaires qui dérivent de la nature des choses. » C'est profondément juste, mais ce n'est définir que la loi naturelle ou divine. Aussi ajoute-t-il plus loin : « Les êtres particuliers intelligens peuvent avoir des lois qu'ils ont faites, mais ils en ont aussi qu'ils n'ont pas faites. » Nous retrouvons ici la pensée complète d'Ulpien. Mais l'homme ne fait des lois que parce qu'il

---

(1) Voyez la critique du Code français, par Savigny : —*Vocation de notre siècle pour la législation et la jurisprudence.*

est dans sa nature de pouvoir en faire, ou, en d'autres termes, parce que Dieu lui a donné la liberté d'en faire. Le droit est donc, dans son sens le plus général, ce qu'il y a de divin dans la législation; la loi, dans le sens de formule écrite, est ce qu'il y a d'humain. C'est pour cela que la formule change et doit changer, tandis que le principe est toujours le même. Le juste est en soi inaltérable, parce que l'idée du juste et de l'injuste est naturellement, divinement née avec l'homme ; mais les applications de l'idée sont essentiellement variables, parce que alors intervient la liberté humaine.

L'histoire du droit n'est donc, à proprement parler, que l'histoire des modifications du principe contingent dans ses rapports avec le principe nécessaire, ou, pour nous en tenir aux termes d'Ulpien, l'histoire du développement des choses humaines dans leurs rapports avec les choses divines.

Ainsi sommes-nous ramenés à la distinction si claire de Montesquieu entre les lois que l'homme a faites et les lois qu'il n'a pas faites; ainsi pouvons-nous voir ce qu'il y a d'immuable dans le droit, ce qu'il y a de temporaire.

Nous aurons non moins facilement la solution des subtiles querelles qui divisent les Ecoles allemandes.

L'Ecole qu'on appelle philosophique, représentée par Hegel et ses disciples, proclame la souveraineté de l'idée dans le domaine des lois, comme dans les autres sphères de l'intelligence. D'où il suit que le droit serait une création toute humaine, que l'homme seul déterminerait le juste et l'injuste, que tout serait conventionnel, relatif, transitoire.

L'Ecole dite Ecole historique, ayant Savigny pour chef, prétend, au contraire, que l'homme n'a que faire d'intervenir dans le droit, qui se développe en vertu de sa propre spontanéité.

Voici le résumé de la théorie de Savigny :

Les législations ne sont pas et ne doivent pas être le produit des spéculations humaines. Le droit ne s'invente pas, il existe de lui-même, il a ses racines dans le corps même de la nation, il grandit et se développe avec elle, en vertu de ses énergies internes; c'est un élément nécessaire, fatal, de ce vaste organisme, et il doit le suivre dans toutes les phases de sa vie. L'homme ne saurait y toucher légitimement : ce serait contrarier la nature et vouloir la soumettre à la tyrannie de la pensée. Il en est du droit comme de la langue : on peut dire qu'il existe en germe dans les mœurs, dans les croyances, et en quelque sorte dans les entrailles de chaque peuple; il vient du dedans et non pas du dehors, et il obéit, dans ses évolutions, à une loi secrète, à un principe invisible et mystérieux, qui échappe au caprice ou à la volonté du législateur. En présence de cette végétation du droit, l'homme n'a rien à faire : il ne lui reste qu'à s'associer à son développement. Toutes les manifestations du droit sont légitimes et par là même sacrées. Comment accuser la vie dans les formes qu'elle revêt? Il faut donc accepter le droit sans lui demander compte de son existence. L'esprit humain s'égare irrémédiablement chaque fois qu'il veut substituer ses théories à ce travail intérieur qui fait éclore mystérieusement la législation dans le sein même des sociétés (1).

Il est évident que chacune des deux Ecoles n'a entrevu qu'une partie de la vérité : l'une ne tient compte dans le droit que de l'élément humain; l'autre, que de l'élément divin; l'une ne voit que le contingent et le variable; l'autre, que le nécessaire et l'absolu. Elles se partagent entre elles la définition d'Ulpien, en n'en prenant chacune que la moitié.

A l'Ecole philosophique il est facile de répondre par les paroles de Montesquieu : « Avant qu'il y eût des lois faites, il y avait des rapports de justice possibles. Dire qu'il n'y a rien de juste ni d'injuste que ce qu'ordonnent ou défendent les lois primitives, c'est dire qu'avant qu'on eût tracé de cercle, tous les rayons n'étaient pas égaux. »

(1) Nous avons emprunté cet exposé des doctrines de Savigny à un remarquable travail de M. Pascal Duprat inséré dans la *Revue indépendante*, n° 15, 4e livraison.

Avec l'École philosophique du moins on argumente à son aise. On sait ce qu'elle veut, elle s'exprime clairement; ses propositions s'enchaînent avec méthode, et ses erreurs sont pleines de logique.

Il s'en faut que Savigny ait le même mérite. Il y a dans ce qu'il dit une confusion de termes, un luxe de contradictions, un conflit de propositions mal sonnantes, qui, si l'on n'y prend garde, déroutent l'argument, éblouissent la critique.

Ainsi, quand Savigny affirme que le droit ne s'invente pas, mais existe de lui-même, il a raison sans doute; mais quand il dit en même temps que les législations ne sont pas et ne doivent pas être le produit des spéculations humaines, il tombe dans une erreur grossière, en mettant sur la même ligne le droit et la législation, l'absolu et le relatif, l'immuable et le transitoire, le nécessaire et le contingent.

Quand il dit que le droit est un élément nécessaire, fatal, de l'organisme social, il est dans le vrai; mais quand il ajoute que l'homme ne saurait y toucher légitimement, il est dans le faux : car l'élément nécessaire ne se manifeste que lorsque l'homme lui a donné, par son intervention, par son consentement libre, une forme sensible, une vie extérieure.

Quand il dit que le droit vient du dedans et non pas du dehors, il se trompe de moitié, car le droit vient et du dedans et du dehors.

Le droit, dans ses évolutions, obéit à une loi secrète, à un principe invisible et mystérieux, nous l'accordons; mais nous n'accordons pas que ce principe échappe à la volonté du législateur; car c'est en vertu de ce principe que le législateur a une volonté, et c'est par l'application de ce principe qu'il parvient à se faire obéir.

On pourrait appliquer au corps humain, aussi bien qu'au corps social, la doctrine de Savigny, avec tous les termes qu'il emploie; les conséquences en seront encore plus facilement appréciées. En effet, le corps humain existe de lui-même: il grandit et se développe en vertu de ses énergies internes; il obéit, dans ses évolutions, à une loi secrète, à un principe invisible et mystérieux. Mais s'ensuit-il que l'homme ne doive rien faire pour aider ce développement, pour féconder ces énergies internes, pour faciliter ces évolutions ? Parce que le corps vit de lui-même, faudra-t-il que l'homme s'abstienne de l'alimenter ? Et parce qu'il y a dans le corps une flamme divine, y aura-t-il donc un sacrilége dans l'intervention humaine ? Si le jurisconsulte de Berlin veut faire preuve de quelque logique, il devra dire de la vie comme du droit : « Elle vient du dedans, et non pas du dehors; en présence de cette végétation de la vie, l'homme n'a rien à faire. » S'il n'ose soutenir cette proposition, il recule devant sa propre doctrine; s'il l'ose, il ôte à l'enfant le sein de sa mère. Et il ne fait pas autre chose pour le droit; car si le droit contient en lui-même sa puissance de développement, c'est l'homme qui lui apporte les moyens de se développer; de même que l'enfant reçoit de Dieu ses énergies vitales, et de l'homme les alimens nécessaires pour les exercer.

L'Ecole historique peut à son aise affirmer que l'homme n'a pas le droit d'intervenir dans le droit. En dépit de ces affirmations, l'homme intervient. Quelle autre réponse faut-il à de vagues théories ? Savigny n'a plus d'autre ressource que de nier les faits; et alors nous pourrons voir l'Ecole historique protester contre l'histoire.

S'il s'agissait de l'Ecole hégélienne, elle ne s'effraierait pas de cette conséquence. Nous l'avons dit : elle a le tempérament audacieux. Aussi est-ce sans un grand étonnement que l'on peut rencontrer dans une histoire du droit l'affirmation suivante : « Le droit n'a pas d'histoire dans l'Inde et dans l'Orient (1). » Et pourquoi ? Parce que, selon l'auteur, qui répète cette formule d'après ses maîtres allemands, l'Orient avait absorbé la personnalité humaine dans l'idée et l'empire de l'absolu. C'est donc, ajoute-t-il, dans la Grèce et dans Rome que commence l'histoire du droit; car l'homme devient là une puissance libre et personnelle, une individualité qui *s'appartient*, qui dès-lors *a des droits* (2).

(1) *Histoire du droit français*, par M. Laferrière, Introduction, p. 9.   (2) *Id., ibid.*

Eh quoi ! une vaste société, puissamment organisée, donnant à la pensée humaine une impulsion gigantesque, d'où tout est sorti, même le christianisme, n'aurait rien produit pour l'histoire du droit ! Autant vaudrait dire qu'elle n'a rien produit pour l'histoire des faits ; car l'histoire des faits, qu'est-elle autre chose que la manifestation sensible de l'histoire du droit, sa réflexion extérieure, son corollaire obligé, son complément nécessaire ? Disons mieux : là où il n'y a pas d'histoire du droit, là il n'y a pas de droit. M. Laferrière semble même accepter la conséquence de sa proposition ; en effet, comme c'est en vertu de sa personnalité que l'homme a des droits, la personnalité humaine étant absorbée en Orient, il s'ensuit qu'en Orient il n'y a pas de droit. Ainsi ces pays immenses où l'homme élevait des monumens impérissables et des empires sans fin, pendant que l'Occident, couvert de marais et dormant sous l'ombre des forêts druidiques, attendait encore les hôtes qui devaient le féconder, ces heureuses contrées où s'est levé l'astre de la civilisation, pour y briller d'un si vif éclat, et nous communiquer ensuite la lumière qui nous éclaire aujourd'hui, ont poursuivi leur longue et majestueuse carrière sans avoir la conscience du droit, sans que le droit ait été pour rien, ni dans l'ordre qui a maintenu de vastes Etats, ni dans la morale qui a établi de puissans systèmes, ni dans les rapports incessans des individus avec le pouvoir social, et des individus entre eux ! Et cependant ceux qui nient l'histoire du droit en Orient, et par conséquent le droit lui-même, reconnaissent qu'on y trouve la propriété, les contrats, les délits et les peines, la famille et l'Etat. « Mais, ajoutent-ils, quand on interroge » sévèrement chacun des élémens de cette législation, on ne leur trouve » aucune précision, et pour ainsi dire aucune substance : ils disparaissent » et s'évanouissent les uns dans les autres, jusqu'à ce qu'enfin ils tom- » bent dans une unité qui les absorbe. Ainsi, le droit de l'individu dis- » paraît dans la famille, la famille dans l'Etat, l'Etat dans le prince (1). »

(1) Lerminier, *Introduction générale à l'histoire du droit*, p. 323.

Nous pourrions peut-être accuser M. Lerminier d'avoir inspiré les erreurs de M. Laferrière; mais nous reprocherons plus justement encore à l'Ecole allemande d'avoir inspiré les erreurs de M. Lerminier. Aussi ne nous arrêterions-nous pas à l'étrange hérésie que nous signalons, si elle n'avait pris quelque consistance chez nous, à la suite des importations scientifiques d'outre-Rhin. Comment peut-on avancer que la personnalité est absorbée en Orient, lorsqu'on y trouve quelque chose d'aussi personnel que la propriété? Cela seul suffirait à clore la discussion. « Le droit, dit M. Laferrière, c'est l'association laborieuse de la » liberté humaine et de la vie civile avec la justice et la raison. » On pourrait peut-être bien le quereller sur cette définition; mais nous consentons, quant à présent, à l'accepter. Or, un contrat, par lequel un homme s'oblige et oblige un autre homme, n'est-il pas une manifestation de la personnalité, un acte de la liberté humaine? N'y a-t-il donc pas de quoi exercer la sagacité de l'historien dans l'étude de la propriété en Orient, des contrats, des obligations, du mariage, de la paternité et de tous les rapports de famille? Nous soupçonnons fort M. Laferrière d'avoir, après tous ses devanciers germaniques ou germanisés, confondu la personnalité et la liberté humaine avec la personnalité et la liberté politiques. La liberté politique n'existait pas, il est vrai, en Orient, et, par conséquent, la personnalité politique non plus. Mais la liberté politique n'est qu'un développement, un progrès de la liberté humaine; et il n'est pas étonnant que le développement, le progrès n'existât pas dans les sociétés premières, ce qui n'empêchait pas la liberté humaine d'être hautement reconnue, d'être sanctionnée par la loi; car elle admettait la responsabilité, soit civile dans les contrats, soit pénale dans les délits, et la responsabilité est la consécration de la liberté.

En vain l'on dit que le droit de l'individu disparaît dans la famille, la famille dans l'Etat, etc. Le terme n'est pas exact. Le droit de l'individu ne disparaît pas. Il est seulement subordonné au droit de la famille, comme le droit de la famille est subordonné au droit de l'Etat. Et cela doit être, en Orient comme en Occident. Mais en Orient comme en Occident, l'individu comme la famille avait son droit propre, sa personnalité propre, et on le reconnaît même dans ces termes inexacts où l'on soutient que le droit de l'individu disparaît dans la famille; car, pour disparaître, il faut avoir paru. Tant il est difficile d'énoncer long-temps une erreur capitale sans se perdre dans de manifestes contradictions.

Ce qui est vrai, c'est que l'histoire du droit en Orient n'est pas encore faite; et il n'est pas hors de notre sujet de signaler cette lacune. Mais dire qu'elle n'est pas à faire, c'est une excuse trop commode pour que nous puissions l'admettre, une erreur trop saillante pour que nous puissions la passer sous silence.

Ces observations s'appliquent surtout à l'École allemande, qui a la prétention de ne rien négliger des origines, et de remonter toujours aux sources de la science. Néanmoins ces érudits n'ont pas osé sonder les profondeurs des sociétés orientales; il leur a paru plus facile d'affirmer d'un ton dogmatique que l'Orient n'a pas vécu d'une vie humaine. « Toujours immobile, dit Gans, l'Asie n'est pas dans le temps et ne vit que dans l'espace (1). » Ce n'est là, il faut en convenir, qu'une malheureuse antithèse. Jusqu'ici il avait été dit que Dieu seul, en vertu de son éternité, ne vivait pas dans le temps, mais dans l'espace. M. Gans, croyant faire un mauvais compliment à l'Asie, lui assigne les attributs de la Divinité. M. Cousin aussi avait dit que l'Asie est le pays de l'infini, que l'époque orientale est l'époque de l'infini. Mais il se hâtait d'ajouter: « Entendons-nous bien : il n'y a pas d'époque où une idée » règne seule, au point qu'il n'en paraisse aucune autre. Dans toutes » les époques est le fini et l'infini, et le rapport de l'un à l'autre; car » il n'y a de vie que dans la complexité; mais de ce fonds commun

____

(1) *Du droit de succession et de ses développemens dans l'histoire du monde.*

» se détache l'élément dont l'heure est venue, et qui, dans son contraste
« avec tous les autres élémens, et dans sa supériorité sur eux tous,
« donne son nom à cette époque de l'histoire et en fait par-là une
« époque spéciale (1). »

Ainsi, M. Cousin, tout en faisant dominer dans l'Asie le principe
immobile de l'infini, prend soin de faire ses réserves en faveur de la
personnalité humaine, de la liberté, du droit. Il n'imagine pas un
peuple vivant dans l'espace et ne vivant pas dans le temps ; et, s'il a cru
devoir, suivant la méthode allemande, faire des classifications histo-
riques très contestables, diviser le monde en trois époques, voir dans
la société orientale l'époque de l'infini, dans la société gréco-romaine
l'époque du fini, et dans la société moderne l'époque des rapports du
fini à l'infini, il n'a pas du moins refusé à une époque les élémens des
deux autres, il n'est pas arrivé à la négation de la vie humaine en Asie,
par la négation du temps et du mouvement.

Il est devenu aujourd'hui de tradition dans les Écoles de représenter
toujours l'Asie comme le pays de l'immobilité. L'immobile Orient est
une phrase consacrée, un lieu commun à l'usage des philosophes, des
littérateurs et des poètes, et l'on ne saurait parcourir un écrit sur
l'Inde, sur la Chine, sur la Perse et sur l'Egypte, sans y rencontrer à
tout propos la terrible formule de l'immobile Orient. Sans doute,
l'Orient d'aujourd'hui ne saurait protester contre cette plaisante phra-
séologie ; mais l'Orient des temps passés, l'Orient de ces époques qu'on
appelle époques de l'infini, époques sans droit, où les hommes ne
vivaient pas dans le temps, mais dans l'espace ; l'Orient initiateur et civilisateur du genre humain peut, à bon droit, protester. Il n'y a pas eu de
mouvement, dites-vous, dans ces pays qui ont vu les grandes révolutions
des monarchies assyriennes, les invasions tumultueuses des peuples
pasteurs, les entreprises successives des Mèdes et des Perses, les con-

____

(1) *Introduction à l'histoire de la philosophie*, 7ᵉ leçon, page 21.

quêtes industrielles et maritimes des races phéniciennes transportant de rivage en rivage les idées et les arts de l'Orient, les agitations continuelles du peuple hébreu, dont l'anxieuse activité et la remuante ardeur causaient à Voltaire des impatiences nerveuses! Quoi! la pensée humaine est demeurée silencieuse et inerte dans ces contrées qui ont produit et les Vedas et les Pouranas, et les lois de Manou et la Bible, et des réformateurs tels que Confucius, Bouddha, Zoroastre, Moïse, Jésus-Christ et Mahomet! D'où venait donc le civilisateur d'Athènes, Cécrops, avec ses Égyptiens, si ce n'est de l'immobile Orient? D'où venait Cadmus, avec ses Phéniciens, qui allaient initier les Grecs aux mystères de l'Ecriture? Ces migrations continuelles d'hommes forts et intelligens ne prouvent-elles pas une surabondance de vie, une surexcitation de pensée, un besoin immense de mouvement, à faire envie aux Occidentaux les plus actifs, même aux cerveaux les plus mobiles de l'Ecole germanique?

S'il y a quelque chose à reprocher à l'Orient, soit dans ses poésies, soit dans ses théogonies, soit dans ses révolutions matérielles, c'est cette fertilité luxuriante de l'esprit qui ne sait pas s'arrêter, de l'imagination qui ne sait pas se modérer, de la passion qui ne veut pas rencontrer d'obstacles. On sent qu'on assiste à la jeunesse des nations, jeunesse inquiète, agitée, ennemie du repos, emportée par les illusions, les espérances et les aspirations extraordinaires. Etrange pays à prendre pour symbole de l'immobilité, que celui où Dieu lui-même ne se repose pas dans l'unité de sa substance, où il faut à Vishnou neuf incarnations successives pour se révéler complètement aux hommes! Ainsi, même dans les manifestations divines, l'immobile Orient introduit les idées de succession, de variété, de mouvement. D'où vient cependant cette hérésie singulière prêchée surtout par l'Ecole hégélienne, et répétée trop étourdiment par nos docteurs? Simplement de ce qu'on a pris l'Orient d'aujourd'hui pour type de l'Orient des temps passés. Depuis mille ans, l'Orient est enchaîné dans de vieilles institutions. Tout y dort, et l'esprit et la matière, et les peuples et les rois. Et l'on en a conclu que tout y avait toujours dormi; et l'on s'est écrié : Là il n'y a pas d'histoire, parce que là il n'y a pas de mouvement. O savans dédaigneux ! sévères logiciens! vous vous arrêtez devant une momie, et parce qu'elle gît immobile, enveloppée dans ses bandelettes, vous assurez que la vie n'a jamais été en elle; parce que le sang ne circule plus dans ces membres desséchés, vous affirmez que le cœur n'a jamais rempli ses fonctions, et, jugeant l'homme passé par le cadavre présent, vous proclamez que cette matière inerte n'a jamais eu d'histoire. Cette méthode est expéditive sans doute, et l'accommodement est facile: nier une histoire de deux mille ans coûte moins que de la connaître. Mais il serait de meilleur aloi de confesser son ignorance et de convier les tempéramens laborieux à combler cette lacune. En vain vous voulez placer au Capitole le berceau de l'histoire du droit. Le droit a le même berceau que l'homme, et si l'homme a pris naissance sur les plateaux de l'Asie, c'est là qu'il faut aller chercher les origines de votre histoire : car avant de vous asseoir sur les bords du Tibre, vous trouverez quelque profit à parcourir les rives de l'Euphrate, du Gange, du Nil et même du Jourdain.

En somme, que nous ont valu les importations allemandes ? Avant l'Ecole hégélienne, Rousseau avait proclamé la souveraineté de la volonté humaine, et l'Ecole historique, avec son droit divin, a été bien au-dessous de Bossuet retraçant la marche des sociétés humaines, mystérieusement guidées par la main de Dieu. Montesquieu a dit : « Il y a des lois que l'homme n'a pas faites; » et l'Ecole historique allemande s'est écriée : « Il n'y a pas d'autres lois que celles-là. » Mais Montesquieu ajoute : « Il y a aussi des lois que l'homme a faites; » et l'Ecole philosophique allemande s'écrie à son tour : « Il n'y a pas d'autres lois que celles-là.» Les deux partis ont scindé la pensée de Montesquieu pour établir un système qu'ils ont pris pour une création. Chacun a dérobé une pierre au monument français et a cherché à bâtir un édifice; chacun a déchiré un lambeau du drapeau français et s'est imaginé avoir levé l'étendard national. Eh! messieurs, vous croyez faire du nouveau, et tout cela est vieux comme le monde de la philosophie, vieux comme Pythagore, vieux comme l'École ionienne ou comme l'École d'Élée. Vous avez beau vous appeler Savigny ou Gans, Fichte ou Hégel, nous vous avons déjà rencontrés avec d'autres noms, soit sous les berceaux de l'Académie, soit sous les voûtes du Portique, soit dans les monastères du moyen âge, lorsque le nominalisme faisait la guerre au réalisme. Le libre arbitre et la grace ont été assez bien représentés par Pélage et saint Augustin, sans que ces antiques querelles aient besoin d'être renouvelées par des formules germaniques. Prenez la philosophie ionienne, qui ne s'occupe que de ce monde et ne croit qu'à lui, vous aurez la doctrine des hégéliens, qui ne reconnaissent de lois que celles que l'homme a faites. Prenez la philosophie pythagoricienne ou dorienne, qui prétend tout idéaliser, tout ramener à des principes invisibles, vous aurez la doctrine de Savigny, qui ne reconnaît de lois que celles que l'homme n'a pas faites. Les Ecoles de l'unité et de la pluralité, de la fatalité et de la liberté, des spiritualistes et des sensualistes ont répété cent fois ces axiomes, et ces choses ont été dites en meilleur style par Bossuet et Luther.

Et cependant ces hardis contrefacteurs parlent fort légèrement de Montesquieu, tout en vivant sur la moitié de sa pensée. D'où vient donc que nous lui donnions complètement raison contre eux? De ce qu'il a vu l'homme tel qu'il est, de ce qu'il a reconnu dans la société tout ce qui s'y trouve, l'universel et le particulier, l'absolu et le relatif, le divin et l'humain. Sans doute, pas plus que les Allemands, il n'a rien inventé; car la définition d'Ulpien renferme toute sa formule; mais il s'est fait le conservateur des saines traditions; il a continué logiquement l'école française des seizième et dix-septième siècles; il a signalé les véritables principes du droit, les seuls qui puissent se démontrer en théorie, les seuls qui puissent s'appliquer en pratique.

Maintenant, abandonnons un instant Savigny et Gans, les jurisconsultes proprement dits, pour interroger les philosophes (4) et tenter avec eux la réalisation de leurs théories; car une philosophie qui ne pourrait point se réaliser dans les faits sociaux, est par cela même fausse; une doctrine qui ne peut pas prendre un corps dans la législation, est radicalement mauvaise.

Kant, après avoir placé l'homme en face du monde extérieur, argumente ainsi : Il n'y a de vrai et de certain pour l'homme que ce qui est en lui. Les phénomènes extérieurs ne sont que des conceptions de son esprit : ils n'existent pas par eux-mêmes, ou du moins leur existence ne peut se démontrer; car l'homme ne les connaît que par l'idée qu'il s'en fait. Donc l'objet n'a d'existence que dans l'esprit du sujet, ou, pour nous servir des termes de l'Ecole allemande, l'objectif n'existe pas indépendamment du subjectif. L'homme ne peut arriver à la connaissance d'un objet en soi ; il ne connaît ce qui est hors de lui que subjectivement. Le temps et l'espace même ne sont que des modes de notre sensibilité.

D'où il suit naturellement que le juste et l'injuste n'existent pas indépendamment de l'homme, mais sont des créations de son esprit.

D'où il suit encore que si le subjectif législateur formule une loi d'après le juste et l'injuste que son esprit a créés, l'objectif, appelé à obéir à la loi, se faisant subjectif pour l'examiner, peut très légitimement refuser d'y obéir, parce que son esprit aura créé un juste et un injuste tout autre que celui du subjectif législateur.

La liberté humaine, la morale, les peuples, les empires et Dieu lui-même ne sont que des fictions de l'esprit, de vaines imaginations, en sorte que le jour où le subjectif se persuadera que les objectifs appelés peuple ou nation peuvent se passer des objectifs appelés loi ou morale, il faudra bien qu'ils s'en passent ; car le subjectif, ne trouvant plus

---

(1) Dans cet examen des doctrines philosophiques allemandes, nous avons pris pour guide les excellentes analyses de M. Lerminier. Voyez *Philosophie du droit*, t. 2, et *Introduction à l'histoire du droit*.

ces choses en lui, ne pourra plus les donner; et où pourraient-elles se rencontrer ailleurs?

Assurément, avec un pareil système, le droit n'est qu'un mot, la loi un objectif fort peu respectable; et ces tristes conclusions auraient dû démontrer au philosophe de Kœnisberg le néant de ses doctrines; un philosophe allemand ne se décourage pas pour si peu. Kant avait fait ses merveilleuses découvertes dans *la critique de la raison pure*. Mais la raison pure avait l'inconvénient de rendre toute société humaine impossible. Kant imagina donc comme correctif à la *raison pure* une autre raison qu'il appela *raison pratique*. Il ne renonça pas pour cela à la première raison; non, il croit que pour l'homme ce n'est pas trop de deux, et il demande à la *raison pratique* tout ce que lui avait refusé la *raison pure*.

Pénétrant tout d'abord dans la raison pratique, Kant y trouve une loi réelle *objective* qu'il formule ainsi : «Agis de telle sorte que les maximes de ta volonté puissent aussi avoir la force d'un principe de législation générale. » Qu'est-ce à dire, un principe de législation générale? Mais ce n'est là autre chose qu'une loi générale, indépendante du fait humain, une loi que n'a pas créée l'esprit de l'homme, un objectif enfin existant sans le subjectif. C'est l'absolu, le nécessaire, l'universel, monstres que Kant avait si hardiment combattus, et qu'il croyait avoir réduits au néant. Il disait cependant qu'il ne rétractait rien de ses observations sur la raison pure. Permis à lui sans doute de consoler sa logique par cette douce illusion. Mais pour nous, le premier pas de sa raison pratique est une immense contradiction, une négation complète de sa raison pure. Négation, du reste, obligée, du moment où il veut intervenir dans la société et faire des applications possibles; hommage forcé rendu par le plus fier génie de l'analyse au principe universel, qui seul explique et consacre l'intervention humaine; qui seul donne de l'autorité à la loi, de la sainteté à ses commandemens.

Toutefois, la loi générale une fois posée, cette immense concession une fois arrachée à sa conscience, Kant revient bien vite aux sécheresses de l'analyse, et s'efforce de restituer à l'homme l'initiative dont il l'avait un instant dépouillé.

Voici comment il arrive à ce tour de force.

La loi générale étant donnée, pour qu'on puisse lui obéir, il faut qu'on puisse lui désobéir. Il faut donc être libre. La liberté humaine est une conséquence de la loi.

Il en est de même du bien et du mal. L'obéissance à la loi constitue le bien, la désobéissance constitue le mal. Le bien et le mal ne sont donc pas préexistans à la loi : ils n'ont pas même d'existence sans elle, car ils sont déterminés par elle.

Par conséquent l'homme ne se conforme à la loi que pour la loi.

Nous trouvons bien ici le devoir. Mais la morale où est-elle? L'amour envers les autres hommes que devient-il? Les affections, les sympathies, tous les sentimens qui donnent de la puissance au lien social, où les rencontrer? Kant nous répond : Dans la personnalité humaine : l'homme étant libre, l'humanité est sainte et sacrée dans sa personne : il est son but à lui-même.

Assurément, en s'arrêtant à cette conclusion, Kant avait un système complet. Mais on pouvait toujours lui demander compte de sa loi générale, de son immense objectif, existant sans un subjectif quelconque; et si le subjectif humain s'avisait de désobéir à cet objectif, de quel tribunal relèverait sa responsabilité? Kant eut donc besoin d'un juge, il eut besoin de Dieu, et Dieu prit place dans son système.

Nous venons de voir que l'homme est son but à lui-même. Mais ce n'est pas tout. La raison pratique, qui est apparemment autre chose que l'homme, cherche encore un autre but sous le nom de souverain bien. Le souverain bien se compose de deux élémens, vertu et bonheur. Or, l'association de la vertu et du bonheur ne se rencontre pas ici-bas. Donc, pour la réaliser, il faut pour l'homme un monde futur et la continuité de l'existence; donc, immortalité de l'ame.

Mais pour apprécier la vertu et lui donner le bonheur, pour dispenser le souverain bien, il faut un souverain juge. Donc, Dieu est.

Résumons en quelques mots toute cette théorie. Kant, qui prétend tout réduire à l'analyse, est obligé de commencer par une abstraction qu'il appelle raison pratique. Cette raison pratique découvre une autre abstraction qui s'appelle loi générale. La liberté humaine est une conséquence de la loi; l'immortalité de l'ame est une conséquence de la liberté humaine, Dieu est une conséquence de l'immortalité de l'ame. En d'autres termes, Dieu est une conséquence de l'homme; car si l'homme n'avait pas besoin de lui pour être jugé, à quoi serait-il bon? il n'a pas d'autre rôle que d'être le grand chancelier des sociétés humaines.

Ce qu'il y a de plus étrange, c'est que Kant s'imagine que son système se trouve d'accord avec le christianisme, et qu'il proclame avec joie cette harmonie de sa philosophie avec la morale de l'Évangile. Mais pour éprouver cette joie, il fallait donc qu'il jugeât d'avance la morale de l'Évangile passablement satisfaisante, puisqu'il en fait, pour ainsi dire, le critérium de la vérité de son système. S'il en est ainsi, à quoi bon ce système?

Il s'en faut, toutefois, que cet accord existe. Le christianisme n'a jamais dit, ce nous semble, que l'homme fût son but à lui-même, et encore moins que Dieu fût la conséquence de l'homme. Le chistianisme, il est vrai, admet Dieu comme le souverain juge; mais il l'admet aussi comme la souveraine loi. Or, la loi générale de Kant est indépendante de Dieu, et Dieu n'est appelé qu'à juger selon la loi. Mais le juge qui applique la loi n'est-il pas au-dessous de la loi qu'il applique? Par conséquent le Dieu de Kant est au-dessous de la loi. Or, mettre Dieu au-dessous de quelque chose, n'est-ce pas dire : Dieu n'est pas?

Maintenant, quel parti le droit, quel parti la législation, peuvent-ils tirer d'une pareille théorie? Évidemment, avec le système de la raison pure, le subjectif auquel on imposera, sous le nom de loi, un objectif

3

qu'il ne rencontrera pas en lui, sera en révolte perpétuelle. La morale, qui n'est qu'un mode de sa sensibilité, que lui sera-t-elle, si les modes de sa sensibilité changent? Et Dieu que deviendra-t-il quand la sensibilité dira que Dieu n'existe pas?

Avec la raison pratique, la législation sera-t-elle plus en sûreté? D'abord, la loi générale base du système peut être facilement contestée. Car si la raison pratique d'un homme quelconque se refuse à reconnaître cette loi, comment l'y contraindre? L'homme étant son but à lui-même, il serait souverainement injuste de lui imposer le respect pour la loi, si ce respect n'est pas en lui.

De ces deux raisons, d'ailleurs, qui se contredisent, laquelle est supérieure à l'autre? Si elles sont égales, l'homme restera continuellement en suspens pour savoir quelle raison a essentiellement raison ; ou bien, pour prononcer, il lui faudra une troisième raison qui s'établisse juge des deux autres.

Certes, ce n'est pas dans un pareil système que le droit cherchera ses maximes, que le législateur puisera ses inspirations.

Après Kant vient Fichte, et la puissance du subjectif, déjà trop bien partagé, est exaltée outre mesure; l'individualité humaine est proclamée souveraine de la terre et du ciel, l'orgueil du moi humain s'énonce en termes aussi ambitieux que le Satan de Milton : comme lui, il vient détrôner Dieu.

Kant avait fait sortir la liberté de la loi : pour lui, elle n'était qu'une conséquence. Pour Fichte, la liberté est un principe, et le premier de tous les principes.

D'où sort, selon Fichte, toute vérité, toute science, toute morale? Du moi se contemplant lui-même. Sortant de la contemplation, il s'écrie : Je suis libre! La liberté, voilà le premier cri de la conscience, la vérité première, devant laquelle tombent tous les argumens; car il n'y a pas d'argumens contre les inspirations du moi.

Le moi se pose avant tout et par dessus tout. Il domine l'univers, franchit les espaces, et, dans sa liberté illimitée, il explore les régions de l'infini. Mais voilà que sur sa route il rencontre un obstacle. Cet obstacle, quel est-il? Le moi n'en sait rien; tout ce qu'il sait, c'est que l'obstacle n'est pas lui : il se trouve donc en face du non-moi. Il le signale et par cela même le crée. Car s'il n'y avait pas de moi, il n'y aurait pas de non-moi. Le non-moi ressort donc du moi, il est sa créature. Or, le non-moi, qu'est-ce autre chose que le monde extérieur? Donc, le monde c'est moi.

Ce n'est pas tout encore. Dieu, comment existe-t-il? Parce que je pense à Dieu. Dieu est donc en moi : il est le résultat de ma conscience. Donc, Dieu c'est moi.

Assurément, il est impossible de poursuivre avec plus de logique la doctrine de Kant, et de détruire avec plus d'audace la réalité objective. Tout ici est dans le subjectif, dans le moi : moi partout, moi toujours, moi l'homme, moi le monde, moi Dieu, moi principe, source et centre de toutes choses, d'où tout sort, où tout aboutit. Le système a sans doute une vaste et formidable unité, et dans tout système l'unité séduit. Mais sortez de cette immense abstraction de l'égoïsme, pour tenter une application sociale, vous aurez pour résultat l'individualisme le plus effronté, la plus audacieuse anarchie qui se puisse imaginer. Et cependant, Fichte ne s'est pas épouvanté des conséquences de sa logique. Il a osé formuler une morale à l'usage de sa doctrine; sa formule, la voici : « Aime-toi par dessus toutes choses, et tes concitoyens pour toi-même. » En vérité, ce n'était pas la peine, pour un pareil résultat, de vouloir réformer l'Evangile. Qu'est-ce donc, je vous le demande, grand apôtre de l'égoïsme, qu'est-ce donc que mes concitoyens? C'est moi, puisque c'est le non-moi, et que vous m'avez appris que le non-moi c'est moi. Pourquoi donc moi qui suis libre, moi qui suis l'univers, moi qui suis Dieu, ne serais-je pas le maître de maltraiter ce non-moi qui est moi? Vous répondez que je ne le ferai pas parce que ce serait me maltraiter moi-même. Mais ne voyez-vous pas que vous tournez dans un cer-

cle vicieux? Car si je maltraite le non-moi pour la satisfaction du moi,
il est évident que je ne me maltraite pas en me satisfaisant. Philosophe,
descendez des nuages et venez vous mêler aux choses de la terre, vous
verrez combien de moi se satisfont aux dépens des non-moi sans en
éprouver la moindre souffrance, et combien de non-moi se réjouissent
dans l'abondance de toutes choses sans que les moi qui ont faim se sen-
tent l'estomac soulagé. Le christianisme aussi avait dit par la bouche de
saint Paul : « Nous sommes tous un en Dieu.» Mais le christianisme reconnaissait les distinctions dans l'identité, le particulier dans le général. Et,
d'ailleurs, cette identité avait Dieu pour point de départ, et non pas le
moi humain, qui n'a aucune sanction pour se faire respecter par le non-
moi. Et comment le pourrait-il, puisque le non-moi, c'est le moi? Ne
semble-t-il pas entendre le pauvre Sosie s'écrier :

> Ce moi, plutôt que moi, s'est au logis trouvé ;
> Et j'étais venu, je vous jure,
> Avant que je fusse arrivé.

Supposez l'état social organisé d'après la doctrine de Fichte : comme
les hommes se ressembleront toujours, il y aura toujours quelque moi
qui abusera d'un autre moi. Ouvrez alors l'enceinte de la police correc-
tionnelle : vous assisterez à la scène suivante :

AMPHITRYON. On t'a battu?

SOSIE.   Vraiment !

AMPHITRYON.   Et qui?

SOSIE.   Moi.

AMPHITRYON.   Toi, te battre !

SOSIE.   Oui, moi, non pas le moi d'ici,
Mais le moi du logis, qui frappe comme quatre.

AMPHITRYON. Te confonde le ciel de me parler ainsi !

SOSIE.   Ce ne sont point des badinages.
Le moi que j'ai trouvé tantôt,

Sur le moi qui vous parle, à de grands avantages ;
Il a le bras fort, le cœur haut ;
J'en ai reçu des témoignages ;
Et ce diable de moi m'a rossé comme il faut.

Que deviendra pour lors le juge? Son moi, qui se confond avec le moi du plaignant, avec le moi du prévenu, ne sera-t-il pas bien embarrassé? Il se sentira battu avec le demandeur, battant avec le défendeur, lésé avec le premier s'il acquitte, lésé avec le second s'il condamne, et il devra rester sans voix et sans opinion, mais non sans s'offenser encore, en offensant la justice, qui est aussi une forme de son moi.

Ainsi Fichte arrive nécessairement à l'anéantissement de l'individualité humaine, à force de vouloir l'exalter. En effet, si moi c'est vous, si vous c'est moi, si moi c'est tout le monde, et tout le monde moi, il en résulte que ma personnalité est absorbée dans celle de tous les autres, en même temps que celle de tous les autres s'absorbe dans la mienne; autant valait pour l'homme de Fichte ne pas sortir de la contemplation de son moi; car, après avoir fait tant de chemin pour tout ramener à son moi, il n'aboutit à d'autre résultat qu'à n'avoir plus de moi.

Aussi, Fichte ne peut-il aborder la question du droit que par des inconséquences.

Nous l'avons vu : le premier cri de la conscience humaine se révélant à elle-même est un cri de liberté. Je suis libre ! voilà l'unique pensée de l'homme à son entrée dans le monde. Mais, ajoute Fichte, l'homme rencontre des semblables, des êtres vivant aux mêmes conditions que lui, le limitant comme il les limite. De ce choc jaillit le droit; le droit n'a donc rien d'absolu, il n'existe que comme une relation, comme une borne.

Arrêtons-nous, pour signaler les contradictions qui fourmillent dans ce peu de mots. Que veulent dire ces semblables rencontrés par l'homme? Jusqu'ici tous les êtres étaient identiques en lui et se confondaient dans l'identité du moi. Mais le terme semblable suppose la distinction, la nonidentité. Le moi est donc obligé de reconnaître des êtres qui sont indépendans de lui; bien mieux, des êtres qui lui font obstacle, qui le limitent. Déjà la souveraineté du moi est détrônée par les êtres semblables, et voilà que sa liberté est anéantie par des êtres qui le limitent : car dès qu'il y a limite, il n'y a plus liberté ; ce sont deux termes qui se contredisent.

Continuons. Le droit ne naissant que du choc des êtres semblables qui se limitent, le droit se posant comme borne, n'est par conséquent rien de plus que la négation de la liberté. Or, n'oublions pas que la première conception de l'homme, selon Fichte, le principe divin qui l'éveille à la vie, est un hommage rendu à la liberté. Comment donc l'homme, sorti de la contemplation de son moi pour s'écrier : Je suis libre ! pourra-t-il éprouver quelque respect pour le droit, qui vient enchaîner sa liberté ?

La doctrine du droit, selon Fichte, a pour premier principe que chaque être libre doit se faire une loi de limiter sa propre liberté, par la reconnaissance de la liberté des autres personnes.

Cette doctrine n'est évidemment imaginée que pour tirer le philosophe d'embarras ; car elle n'est nullement d'accord avec l'homme créé d'abord par lui. En effet, la première pensée de cet homme, c'est qu'il est un être libre. Le premier principe de l'être qui met sa liberté avant tout, c'est, avant tout, de vouloir conserver cette liberté : il sera donc en lutte perpétuelle avec ce qui le limite, et par conséquent avec le droit. Sa liberté s'est manifestée par une audacieuse affirmation ; il n'ira pas la faire plier devant une négation. Le droit sera donc la guerre : chaque individu, armé de sa liberté, sera repoussé, querellé, frappé, parce qu'il voudra en user ; à son tour il frappera les autres lorsqu'ils voudront obéir au cri de leur conscience, et chacun des hommes voulant faire reculer la limite qui le gêne, voulant transposer la borne qui l'arrête, on ne saura plus ni où se trouve le droit, ni où se trouve la liberté.

En outre, le droit ainsi défini est un énorme contre-sens. En effet, la liberté, c'est la loi première, le nécessaire, l'absolu; le droit, c'est la loi dérivée, le contingent, le relatif. Or, si le droit doit limiter la liberté, il s'ensuivra que la conséquence est plus puissante que le principe, que la loi dérivée domine la loi première, que l'absolu est au-dessous du relatif. Le droit ne sera donc plus l'heureux accord des choses divines et humaines, mais la subordination des choses divines aux choses humaines, la souveraineté des choses humaines sur les choses divines. N'avions-nous pas raison de dire que Satan voulait détrôner Dieu? Fichte lui assigne l'empire de la terre et des cieux. Aussi ne faut-il pas s'étonner qu'en entrant dans le domaine de la politique, le philosophe allemand soit obligé de conclure au despotisme le plus absolu. Sa doctrine ne peut être que celle des tyrans; car, en politique comme en philosophie, à force de vouloir donner à l'individualité des proportions gigantesques, il finit par l'anéantir; il l'absorbe dans l'omnipotence du pouvoir exécutif, investi de toute l'activité sociale.

Le moi humain avait été trop glorifié par Fichte pour qu'il n'y eût pas ensuite réaction; l'idéalisme avait dominé trop absolument dans l'Ecole allemande, pour qu'il ne s'élevât pas quelque voix en faveur du réalisme. Schelling avait été tout d'abord séduit par la vigoureuse unité de la doctrine de Fichte; mais il comprit ensuite qu'avec l'homme seul, on ne pouvait rendre compte de rien. L'homme créateur de toutes choses, l'homme monde, l'homme Dieu, ne le satisfaisait pas. Il voyait la nature et croyait en elle comme il croyait en l'homme. Il voyait en l'homme autre chose que l'absolu, et dans le droit autre chose que le relatif, et cependant il reconnaissait partout et l'absolu et le relatif. Il se préoccupa donc surtout de concilier le réalisme et l'idéalisme, sans les sacrifier l'un à l'autre. « L'idéalisme, dit-il, est l'ame de la » philosophie; le réalisme en est le corps, et c'est seulement en les » réunissant tous les deux, qu'on peut former un tout qui ait de la vie. »

Certes, c'est se placer bien loin de Kant et de Fichte, et c'est presque donner la main à l'Ecole française. Mais Schelling s'était aussi mis à la recherche de l'unité, d'un rapport commun qui pût lier ensemble l'idéalisme et le réalisme, en les dominant tous deux. Cette unité, où la trouve-t-il? Dans une abstraction, dans une conception de l'esprit qui proclame l'absolu, le un. L'unité est donc une idée.

Mais comment l'esprit arrive-t-il à la conception de cette idée? Par une intuition pure, par une spontanéité, par un acte de l'intelligence, supérieur au mécanisme de la volonté propre. L'homme voit l'absolu par une contemplation involontaire.

Nous voici presque retombés dans le kantisme. Cet absolu, cette abstraction qui est une création de l'esprit, comment lui concevoir une réalité objective? Schelling prétend bien que l'absolu existe, indépendamment de l'idée humaine, et cependant l'absolu, selon lui, n'est qu'une idée. Nous voudrions bien que Schelling nous aidât à concilier ce paralogisme.

Mais il en est fort empêché lui-même, car il ne sait encore sur quelle base appuyer son abstraction; et il s'est retiré du combat avant d'avoir résolu la difficulté. Il y a deux ans, après un long intervalle de silence, Schelling est remonté en chaire, et toute l'Allemagne a tressailli d'espérance. On croyait que le philosophe, dans ses muettes méditations, avait découvert la région où repose l'unité. Chacun se flattait de se trouver face à face avec le *deus ex machinâ*. Mais, hélas! le philosophe n'a rien dit de plus que ce qu'on savait ou ce qu'on ne savait pas, et, après une courte et stérile apparition, il est majestueusement rentré dans son repos.

Au surplus, en ce qui concerne le droit, la doctrine de Schelling est restée impuissante, malgré les efforts du maître pour tenter quelques applications positives. Aussi est-il obligé d'arriver à convenir que le droit civil n'est qu'une collection de cas particuliers, d'espèces judiciaires, où la philosophie ne saurait pénétrer. Si cela était vrai, ne serait-ce pas la condamnation la plus formelle de la philosophie? A quoi servirait donc cette science, si elle n'expliquait et ne justifiait les lois qui règlent les rapports des homme entre eux? Que nous feraient les spéculations métaphysiques sur l'absolu, le moi, le subjectif et l'objectif, si elles demeuraient à l'état vague d'abstractions non réalisables? Ce ne seraient que de brillantes fantaisies, bonnes pour occuper nos heures perdues, de poétiques récréations propres à exercer quelque peu notre dialectique. Non, la philosophie se promet quelque chose de plus sérieux et de plus utile que ces rêves: elle prétend initier l'homme à la logique de ses droits et de ses devoirs, sans qu'elle puisse négliger le plus petit fait humain, sans qu'elle puisse se taire sur la plus infime circonstance de l'histoire sociale. Mais Schelling se contente de faire un petit essai de droit politique qui n'offre rien de bien neuf, et puis il avoue que la philosophie n'a rien à voir dans le droit civil. C'est vrai peut-être pour sa philosophie, et cela prouve combien elle est incomplète; car le droit civil repose sur les mêmes principes que le droit politique. La légitimité de l'un ne peut se séparer de la légitimité de l'autre. Tous deux tiennent essentiellement à l'histoire de l'homme, à sa nature, à sa conscience, à son essence intime. Le droit politique et le droit civil sont deux principes qui se complètent l'un l'autre, ou plutôt c'est le même principe considéré sous deux aspects; et le philosophe qui déclare ne rien voir dans l'un confesse par là qu'il voit mal dans l'autre. Il prononce lui-même sa propre condamnation.

Hégel a bien compris l'insuffisance de cette doctrine; et il a cherché à combler la lacune en traçant un système complet de philosophie sociale. Mais le chaos traversé par le Satan de Milton au sortir de l'enfer, n'était pas plus difficile à pénétrer, ne contenait pas plus d'ombres fantastiques que le royaume philosophique de Hégel. On s'y heurte contre des formules sans nombre, on s'y égare dans de profondes obscurités, on s'y perd dans le dédale inextricable d'une logique tourmentée.

Hégel affectionne la trinité. Son système n'est qu'une suite de trilogies enchevêtrées l'une dans l'autre, et se dégageant par des manifestations successives.

Fichte avait pris pour point de départ le moi se contemplant lui-même. Hégel part de la pensée se pensant elle-même. Cette pensée première est sans relation, sans rapport; elle est une, abstraite, indéterminée. La pensée commence donc par l'absolu. Mais cela ne dure pas long-temps. En effet, la pensée, après s'être pensée elle-même, se pose vis-à-vis du monde, et se détruit en ce qu'elle a d'absolu en pensant quelque chose qui n'est pas elle-même. Puis elle revient à elle et se constitue dans sa propre conscience. Voilà la trinité créée.

De cette trinité première sort une trinité philosophique: la philosophie de l'idée dans ce qu'elle a d'absolu, la philosophie de la nature et la philosophie de l'esprit.

Chacune de ces philosophies engendre une foule d'autres trinités. Ainsi, la philosophie de l'idée se partage en trois doctrines: doctrine de l'être, doctrine de l'existence, doctrine de la conception. L'être a trois faces: la qualité, la quantité, la mesure; l'existence a trois termes: l'être, comme fondement de l'existence, le phénomène, la réalité. La conception a trois termes: conception subjective, objet et idée. Et chacune de ces divisions se subdivise encore de trois en trois, sans qu'on puisse apercevoir un terme à ces fractions.

La philosophie de la nature se divise en mécanique, physique et organique. La mécanique a trois termes, la physique a trois termes, l'organique a trois termes, et chacun de ces termes enfante de nouvelles trinités, qui ensuite en enfantent d'autres.

La philosophie de l'esprit se partage en esprit subjectif, esprit objectif, esprit absolu. L'esprit subjectif comprend l'anthropologie, la phénoménologie, la psycologie. L'esprit objectif renferme le droit, la moralité personnelle, la moralité sociale. L'esprit absolu contient l'art, la religion et la philosophie.

Nous voici enfin dans le domaine moral, et nous allons entrer dans les applications du droit. Ici comme partout ailleurs, Hégel procède par divisions ternaires. Nous nous abstiendrons de reproduire en détail ces jeux d'esprit, qui finiraient par dégoûter à jamais de la trinité.

Le droit, dit Hégel, est l'empire de la liberté qui se développe. Comment se développe la liberté? Par la volonté. La volonté contient : 1° le moi en soi, 2° le passage du moi au déterminé, 3° le retour du moi sur lui-même, avec la double conscience du monde et de lui-même. Mais si la volonté est d'abord immédiate, il faut d'abord poser la personnalité de l'homme comme sujet. Donc la personnalité de l'homme est le fondement du droit ; d'où résulte ce précepte : « Sois une personne, et respecte les autres comme des personnes ! »

Maintenant, nous le demandons : Hégel a-t-il fait faire un seul pas à la science du droit? A-t-il rencontré pour la morale une formule plus satisfaisante que Kant ou Fichte? N'est-ce pas le même précepte que ceux de ses devanciers, et presque dans les mêmes termes? Selon Kant, l'homme étant libre, l'humanité est sainte et sacrée dans sa personne. Voilà le lien social. Selon Fichte, on doit aimer ses concitoyens pour soi-même. Voilà la morale. Selon Hégel, on doit respecter les autres personnes, parce qu'on est soi-même une personne. N'est-ce pas absolument la même doctrine, doctrine de l'égoïsme, de la lutte, de la confusion ; doctrine qui n'a d'autre sanction que la volonté individuelle, c'est-à-dire nulle sanction ; doctrine qui, partant de l'anarchie en droit, est obligée d'aboutir à la tyrannie en politique? En effet, quand on reconnaît la légitimité de toutes les tyrannies individuelles, il n'y a pas d'autre moyen de les dompter que de les livrer sans défense à la tyrannie du chef de l'État. L'application pratique conduit absolument au même résultat que la spéculation philosophique. Quand on veut tout accorder au moi, il faut arriver forcément à l'anéantissement du moi.

Étrange aberration de la logique humaine! Hégel partant de l'absolu arrive aux mêmes conséquences que Kant et Fichte partant de l'individu. C'est que son absolu n'est qu'une fiction. Il a beau vouloir prendre pour base de son système la pensée abstraite, une, sans relation, sans rapport. Cette pensée ne saurait exister indépendamment de l'homme qui pense; elle ne sera même autre chose que l'homme, autre chose que le moi de Fichte, autre chose que le subjectif de Kant; la formule seule est changée, le principe reste le même, et les conséquences seront les mêmes, non moins que les erreurs.

De toutes les gloires de l'École allemande, que reste-t-il? Un travail immense pour créer des mots nouveaux, qui recouvrent de vieux sophismes; un enfantement laborieux de formules embarrassées, qui déguisent d'antiques classifications, et prétendent les rajeunir en les obscurcissant; des lambeaux de doctrines offerts aux regards des peuples, comme des créations de systèmes; des théories sociales reposant sur des nuages, et des projets de législation tentés avec des rêves; un aveugle fatalisme proclamé par la domination exclusive de l'absolu, une liberté effrénée justifiée par la déification de l'individu, et, en dernier résultat, l'immobilité comme conséquence nécessaire des deux théories, soit qu'on accorde le règne sans partage à l'absolu, soit qu'on l'accorde à l'individu. L'immobilité, l'impuissance de toute application sociale, voilà où aboutissent également et l'École philosophique et l'École historique, parties, cependant, de points si opposés.

Nous croyons certes, sans peine, que les jurisconsultes d'outre-Rhin ne prétendent pas disputer à l'École française les mérites de la pratique. Car nous les défions de faire de la pratique avec leurs ambitieuses théories. Or, nous l'avons dit, c'est à l'application que se jugent les qualités d'un système. La logique abstraite peut bien se contenter de formules et de syllogismes; mais si ces formules, si ces syllogismes ne peuvent prendre place dans la logique des faits, on ne doit plus les considérer que comme des amusemens d'école, que comme les exercices gymnastiques d'esprits aventureux.

Il n'est pas dans le génie français, et nous l'en félicitons, de s'endormir au milieu des abstractions. Il se contenterait difficilement de la pensée pure, sans relation ni rapport. Car la relation c'est la vie sociale; ce qu'il conçoit, il veut le réaliser; aussi ne conçoit-il guère ce qui n'est pas réalisable. Sa logique est impatiente d'application; sa force, toute expansive, demande à se communiquer et invite toujours les autres au partage de ses conquêtes. C'est ce besoin de réaliser les idées, d'en faire sortir tout ce qu'elles contiennent de richesses matérielles, qui donne au Français cette activité, ce mouvement, cet élan passionné que les autres peuples prennent pour de l'inconduite, et qui n'est que l'expression d'une logique toujours cherchant à se satisfaire.

Mais s'il ne se contente pas de l'abstraction isolée, il sait aussi en tenir compte; il sait aussi gravir les hauteurs de la science et franchir hardiment l'abîme qui en défend les abords. Le contemplateur allemand voit bien, sans doute, l'astre de la science qui brille au haut de la montagne, mais il ne voit pas l'abîme qui est à ses pieds, et il y tombe pour y demeurer enseveli. Aussi, l'abstraction germanique n'a-t-elle pas d'autre manifestation sensible que l'obscurité réalisée.

Le grand mérite de l'École française, avons-nous dit, est de reconnaître tous les élémens de la vie sociale, de tenir compte de l'absolu et du relatif, du général et du particulier, du divin et de l'humain. Aussi sa mission a-t-elle été toujours de combattre en faveur du principe méconnu, jusqu'à ce qu'on lui rende la place qui lui est due. Sans nous occuper des temps passés, ne nous arrêtons qu'au droit qui nous régit aujourd'hui. N'est-il pas évident que ce droit est le produit des luttes de l'École française au dix-huitième siècle? Or, que se proposait le dix-huitième siècle? De détruire l'empire de l'absolu, de réhabiliter l'individu, de donner quelque force au principe particulier, absorbé dans le principe général. En effet, le dix-huitième siècle n'a été qu'une longue lutte contre l'absolu en politique, contre l'absolu en religion, contre l'absolu en droit, et les dernières années de ce siècle ont vu l'éclatante victoire de la liberté individuelle.

Mais, ainsi qu'il arrive toujours aux époques de réaction, les philosophes du dix-huitième siècle dépassèrent le but, et pour faire rendre justice à l'individu, ils compromirent le pouvoir. L'individu n'était rien; il devait être quelque chose; ils voulurent qu'il fût tout. La liberté n'était pas respectée; pour lui rendre son éclat, ils méprisèrent l'autorité. L'innovation était repoussée; pour lui faire tenir sa place, ils nièrent la tradition.

Montesquieu seul, gardien fidèle des trésors du passé, et clairvoyant investigateur des richesses de l'avenir, se plaçait sur la limite des deux mondes qui se combattaient, rendait un hommage sincère à la tradition, et préparait hardiment l'innovation, amant éclairé de la liberté, et zélé défenseur de l'autorité, représentant véritable de l'Ecole française dans sa logique complète, qui reconnaît dans le droit la pensée divine, et accepte avec empressement l'intervention humaine.

Mais, pour les esprits hardis qui pressaient le mouvement du dix-huitème siècle, Montesquieu était un juge trop indulgent, trop impartial d'un passé qui leur faisait obstacle. Ils le comprirent mal, parce qu'il n'était pas, comme eux, absolu dans la réaction. Son ami Helvétius, auquel fut communiqué le manuscrit de l'*Esprit des Lois*, trembla sincèrement de voir compromettre la réputation de l'illustre jurisconsulte; et Voltaire accueillit avec des sarcasmes un ouvrage qui mettait quelques restrictions à la liberté humaine.

C'est que Montesquieu, précisément parce qu'il acceptait la tradition, parce qu'il conciliait savamment l'autorité avec la liberté (1), venait trop tôt pour ces audacieux lutteurs. Il préparait le droit du dix-neu-

(1) Dans Montesquieu, nous ne considérons ici que le légiste immortel, et non le publiciste politique. En signalant la conciliation de l'autorité et de la liberté, nous ne pouvons donc avoir la pensée de faire allusion à cette stérile importation anglaise connue sous le nom de pondération des pouvoirs. Ce n'est que par le côté où il est ordinairement le moins apprécié que nous estimons surtout Montesquieu; comme juriste, il a été un fidèle interprète et un merveilleux continuateur de l'Ecole française; comme écrivain politique, il n'est, à nos yeux, qu'un traducteur des théories anglaises.

vième siècle; eux, au contraire, détruisaient les constitutions des siècles écoulés. Voltaire, Helvétius, Diderot, tenaient le glaive des batailles, frappant et renversant tous les édifices du passé. Montesquieu, tout en les aidant dans leur œuvre, sauvait respectueusement quelques débris, et élevait un monument pour le jour de la victoire.

Mais non seulement ceux-là n'eurent pas l'intelligence de ce que faisait Montesquieu; il fut encore méconnu par une autre génie, qui tenta, avec moins de bonheur, mais non avec moins d'éclat, une œuvre semblable. Jean-Jacques Rousseau, ennemi du passé comme les philosophes de l'*Encyclopédie*, fut effrayé de voir de si rudes labeurs n'aboutir qu'à la destruction. Il se demandait comment, au milieu des ruines de toutes les croyances sociales, l'ordre pourrait se maintenir et l'autorité se faire entendre. Car lui, du moins, se préoccupait des idées d'ordre et d'autorité. Malgré ses protestations antérieures contre l'État social, malgré ses nombreuses erreurs philosophiques, quelque chose d'instinctif l'avertissait que les doctrines de l'*Encyclopédie*, en détruisant le passé, n'offraient aucune sécurité pour l'avenir. Il tenta de construire un nouvel édifice social, et déclara la guerre aux philosophes. Mais, dominé comme eux par la tendance du siècle, il prit pour base de son système les idées fondamentales de ceux qu'il combattait, et fit de la société un fait purement humain, ramené aux proportions d'un contrat synallagmatique. L'État n'était plus qu'une émanation de l'individu; l'autorité, que le résultat de la liberté.

Rousseau suppose la volonté de chaque homme libre, indépendante, souveraine. Puis vient l'abdication de cette volonté par un contrat où chacun s'engage avec tous, d'où suit l'engagement réciproque de tous envers chacun. D'où il résulte que la volonté générale est l'ordre, la règle suprême; cette règle générale et personnifiée est ce qu'il appelle le souverain.

Ces principes posés, il est facile de deviner quelle sera la définition de la loi. « La loi, dit-il, est l'expression de la volonté générale. » Par conséquent, c'est l'homme qui crée le juste et l'injuste : le droit et la morale émanent de lui seul. Nous avons déjà fait justice de cette erreur, trop fidèlement reproduite par l'École philosophique allemande. Nous n'y reviendrons donc pas. Toutefois, constatons chez Rousseau une contradiction manifeste, qui aurait dû l'éclairer. « Ce qui est bien, dit-il, et conforme à l'ordre, est tel par la nature des choses, et indépendamment des conventions humaines (1). » Que Rousseau poursuive les conséquences de cette proposition, et son contrat social est déchiré. Mais ce n'était que le fugitif avertissement d'un génie qui ne savait pas se tromper complètement; et Rousseau négligea une vérité à peine entrevue, pour développer une erreur à laquelle il s'était consacré, et qui répondait, du reste, aux besoins de son siècle.

Il serait inutile d'insister ici sur l'immense influence qu'exerça dans toute l'Europe la philosophie française du dix-huitième siècle. On sait par quel désaccord singulier de l'esprit avec les mœurs, la barbare Catherine se faisait gloire de correspondre avec les encyclopédistes, et l'on connaît les cajoleries du grand Frédéric envers des hommes dont les principes étaient si contraires à ses actions. Toutefois, cet hommage au génie français fut chez ces deux souverains plutôt une fantaisie qu'une pensée sérieuse. Catherine, guidée par les instincts d'une vieille coquette, était bien aise de compter des philosophes parmi ses adorateurs, et Frédéric était surtout flatté de voir au nombre de ses chambellans le prince des critiques. Mais les Français, par qui et pour qui cette philosophie était faite, qui ne laissent jamais long-temps les idées à l'état de spéculation, comptaient bien mettre à profit les leçons qu'on leur avait données, et leur esprit réalisateur voulut aussitôt introduire dans les faits, les conséquences du droit nouveau qu'on leur avait enseigné. Ils se mirent donc à l'œuvre avec une impitoyable logique. Bientôt tous les monumens de l'antique hiérarchie tremblèrent sur leur base.

(2) *Contrat social*, liv. 2, chap. 6.

L'Eglise, déchue, chercha vainement dans son sein un seul homme de talent pour la défendre contre les talens réunis qui conspiraient sa ruine. La magistrature se heurta follement contre la royauté, et périt avant elle. La noblesse, qui avait applaudi la première aux spirituelles moqueries dirigées contre elle, ne conserva pas même assez de force pour mourir dignement dans ses foyers. L'esprit novateur proclama sa souveraineté dans l'assemblée nationale; et la tradition, depuis long-temps dépouillée de ses prestiges, se vit enlever ses avantages matériels par le décret du 4 août 1789. Cependant, il faut le reconnaître, l'assemblée constituante, tout en attaquant la tradition dans ses abus le plus saillans, ne se détachait pas entièrement du passé. Ainsi, dans ce même décret qui abolit tout ce qui restait du régime féodal, l'assemblée nationale fait remonter au roi tout le mérite de cette grande mesure, proclame Louis XVI le restaurateur de la liberté française, et appelle sur lui la reconnaissance publique. L'article 18 est comme un pacte d'alliance proposé par l'esprit nouveau à l'esprit de la tradition. Rappelons-en les termes : « L'assemblée nationale se rendra en corps auprès du roi, pour présenter à S. M. l'arrêté qu'elle vient de prendre, lui porter l'hommage de sa plus respectueuse reconnaissance, et la supplier de permettre que le *Te Deum* soit chanté dans sa chapelle, et d'y assister elle-même. » L'Eglise et la royauté sont invitées à présider aux fêtes de la liberté naissante. Mais elles n'acceptèrent pas avec franchise ce fraternel rapprochement et portèrent la juste peine de leur opiniâtre aveuglement.

Au surplus, l'esprit humain ne marche que par réactions, et sa logique ne veut pas être satisfaite à demi. La réaction au dix-huitième siècle se faisait en faveur de l'individu, de la liberté. Au commencement de ses triomphes, ce principe nouveau était disposé à transiger; mais les maladroites réserves de la royauté, et la mauvaise grace de ses concessions, éveilla les méfiances, enflamma les colères et les haines; et l'esprit de liberté voulut pousser jusqu'au bout les conséquences de son principe. La tradition ne fut plus comptée pour rien; le passé fut livré au mépris; l'Eglise et la royauté tombèrent sous le même niveau.

La tradition, vaincue en France, trouva des défenseurs au dehors. La liberté triomphante vit s'élever contre elle les représentans séculaires de l'autorité: les rois coalisés s'avancèrent pour anéantir l'esprit novateur. Alors celui-ci ne garda plus de ménagemens; la réaction se fit terrible: un débris impuissant de la tradition vivait encore dans les prisons du Temple; on l'offrit en holocauste à la liberté menacée. Le droit ancien fut aboli, pour faire place aux droits de l'homme. Le moi humain proclama sa souveraineté. La loi devint l'expression des volontés individuelles concentrées dans la volonté générale, et cette volonté collective se manifesta par une dictature irrésistible. Le *Contrat social* était mis en action.

Qu'on ne l'oublie pas, la convention ne représente qu'une époque de lutte et par conséquent un principe exclusif; car un principe auquel on refuse la part qui lui revient demande toujours au-delà de ce qui lui est dû. Or l'individualité humaine réclamait sa part d'action dans le droit: on voulait l'en exclure tout-à-fait; alors elle s'y plaça seule, et prétendit régner exclusivement dans un domaine où on ne consentait pas à l'admettre de moitié. Les actes de la convention furent motivés par les agressions de ses ennemis. C'est la déclaration de Pilnitz qui a fait la convention. C'est la coalition des rois qui a fait le comité de salut public.

La convention l'a dit elle-même, elle ne fut pas un gouvernement normal. Ce fut un gouvernement discipliné pour la bataille, et si admirablement discipliné que toutes les forces du passé vinrent se briser contre lui.

Mais la convention ne pouvait et ne devait pas survivre à sa victoire. Elle avait transporté l'absolu dans le moi humain, et le droit social demeurait incomplet. Elle avait rompu avec la tradition, et la tradition est la base scientifique du droit. Les services de la convention furent im-

menace ; car elle avait garanti le principe de liberté, elle avait maintenu les droits sacrés de l'individu ; mais lorsqu'elle eut sauvé la liberté, sa mission était accomplie, comme en politique elle était accomplie lorsqu'elle eut assuré l'intégrité du territoire. Ce double rôle est certainement assez beau pour rendre immortels les mérites et la gloire de cette assemblée fameuse (1).

Mais un principe exclusif qui avait été une excellente arme de guerre ne pouvait être suffisant pour reconstruire l'édifice social. Pourquoi le directoire fut-il si promptement compromis dans sa courte et impotente domination? Parce qu'il voulait faire l'application des principes de la convention, sans comprendre que ce n'étaient que des principes de circonstance, ainsi que la convention l'avait déclaré courageusement. La convention avait eu au plus haut degré l'intelligence de son époque; voilà pourquoi elle fit des choses si grandes et si opportunes. Le directoire ne comprit rien de la sienne, voilà pourquoi il ne fit que des choses petites et mal à propos.

Sous la convention, la liberté menacée devait être sauvée à tout prix, même aux dépens d'elle-même; sous le directoire, la liberté était assurée, l'autorité seule était en danger, et c'est elle qu'il fallait fortifier. Mais les imprudens gardiens du pouvoir ne songèrent pas à lui faire sa part dans la loi. Qu'en advint-il? Que, comme l'autorité est un besoin social qu'il faut bien satisfaire, elle se manifestait par des coups d'état, et se trouvait par là doublement compromise, et parce qu'on ne lui avait pas donné place dans la loi, et par ce qu'elle agissait en dehors de la loi.

Bientôt les esprits se fatiguèrent d'une liberté sans contre-poids régulier; on demandait quelque chose à la tradition.

____

(1) Nous devons encore dire ici que c'est au point de vue du jurisconsulte, au point de vue du droit pur, que nous apprécions la convention. Qui donc pourrait oublier que dans le domaine moral et politique, elle a introduit l'admirable principe de la fraternité humaine.

Bonaparte se présenta, et une immense acclamation salua sa venue. Qu'on ne s'y trompe pas, ce ne sont ni les prestiges de la victoire, ni les ressources du talent qui font accepter un homme lorsqu'il met la main sur le pouvoir; c'est le besoin de réaliser un principe social méconnu. Le directoire avait rendu Bonaparte nécessaire, comme les rois avaient rendu nécessaire la convention.

Le jeune consul comprit les chances que lui offrait la lassitude des esprits. Son génie l'avertissait qu'il y avait quelques débris à sauver dans l'héritage de la France monarchique, mais au lieu de réaliser le vœu du pays dans les limites du vrai, il en exagéra les manifestations pour l'exploiter à son profit.

La logique de la nation et l'intérêt du chef étaient d'accord pour rattacher, avec des pensées différentes, le présent au passé. La tradition retrouva sa place dans la loi, le droit reprit son double caractère par l'association des choses divines et humaines; et les codes apparurent comme un majestueux monument élevé au génie français, sous les auspices réunis de Louis XIV, du dix-huitième siècle et de la révolution.

L'idée d'une codification générale n'était cependant pas née avec le consulat; l'assemblée constituante l'avait décrétée; mais sa mission avait été toute politique, et elle légua ce travail à ses successeurs. La législative, qui vécut à peine le temps nécessaire pour enregistrer le décès de la monarchie, n'était pas assez forte pour faire sortir la loi du sein des orages. Mais la convention, qui croyait commander à l'avenir parce qu'elle se sentait une vigueur surhumaine, voulut introduire ses doctrines dans la vie civile. Le comité de législation présenta un projet de code, et Cambacérès, dans son rapport, montrait bien quelle était la pensée qui avait présidé à la rédaction. « L'édifice de la législation civile, disait-il, sera d'autant plus solide que, n'étant pas bâti sur le sable mouvant des systèmes, il s'élèvera sur la terre ferme des lois de la nature, et sur le sol vierge de la république. » Cambacérès faisait, sans le savoir, la critique la plus juste du code projeté. Sans doute la république, c'est-à-dire la vie politique, se trouvait sur un sol vierge ; mais la vie civile reposait sur un sol depuis long-temps cultivé, et la culture y avait produit des fruits de toute espèce, coutumes, ordonnances, traditions et science. Parmi ces fruits, quelques-uns devaient être arrachés pour faire place à de nouveaux; mais les déraciner tous en un jour, c'eût été tenter l'impossible.

Aussi ne fut-il pas donné à la convention de réaliser son œuvre.

Il est évident que ni la constituante, ni la législative, ni la convention ne pouvaient élever pour le droit civil un monument durable. L'élément politique dominait trop exclusivement dans ces assemblées, et les circonstances où chacune d'elles se trouvait empêchaient le sang-froid nécessaire pour un pareil travail. La constituante, à peine dégagée de la tradition, eût trop facilement accepté des réformes superficielles. La législative, placée sur un volcan toujours en éruption, était presque embarrassée des conquêtes qui se faisaient sans elle, et le jour où elle prononce la déchéance de l'autorité, elle se reconnaît impuissante à constituer la liberté. Quant à la convention, les nécessités au milieu desquelles elle luttait ne lui permettaient point assez de tenir compte de la tradition.

Il fallait la révolution dépouillée de ses justes colères, la révolution calme, triomphante, pour pouvoir concilier sans danger et sans efforts l'autorité et la liberté, la tradition et l'innovation.

Sans doute, le premier consul, réactionnaire dans un intérêt personnel, accorde à la tradition beaucoup plus que ne le voulaient la justice et la logique. Mais il faut avouer aussi qu'il y fut singulièrement aidé par les tendances de son époque. En effet, la sanction populaire est nécessaire au génie même le plus puissant; elle seule assure le succès des audacieuses tentatives. Lorque, plus tard, Napoléon, dans toute la majesté de sa gloire, au plus haut développement d'un pouvoir colossal, tenta de revenir à des traditions surannées, voulut follement ressusciter la noblesse héréditaire, et appuyer l'autorite sur des intérêts dynastiques, quel fruit recueillit-il de cette inféconde pensée? Les cadavres qu'il avait mis en mouvement retombèrent en poussière; car le souffle populaire ne les animait pas. Napoléon n'avait consulté que son génie personnel ; il n'avait pas consulté la raison générale.

Mais c'était la raison générale qui le secondait dans la rédaction du Code. Aussi, le Code a-t-il survécu à sa dynastie dispersée, a-t-il plus dignement perpétué son nom que ne l'eût fait l'héritier de la fille des Césars.

C'est ici le lieu de dire quelques mots de la querelle des jurisconsultes allemands pour ou contre la codification, c'est-à-dire, en d'autres termes pour ou contre l'École française.

Nous avons rappelé la doctrine de Savigny sur *la végétation du droit*, sur ses énergies vitales qui, se développant spontanément, ne veulent pas admettre l'intervention humaine. C'est assez dire que l'École historique repousse les codes et proteste contre les constitutions écrites. On sait à quelle occasion Savigny publia son manifeste. Les idées françaises avaient pénétré profondément en Allemagne à la suite des victoires impériales. Cette grande et savante unité qui préside à notre législation avait frappé les meilleurs esprits. Si un généreux sentiment d'indépendance nationale soulevait contre nos armées l'Allemagne tout entière, la domination de nos idées ne rencontrait pas une opposition aussi générale. Beaucoup d'hommes éclairés consentaient volontiers à accueillir les enseignemens d'un ennemi qui n'était plus à craindre. Car ils savaient que, dans le domaine des idées, la conquête profite plus aux envahis qu'aux envahisseurs. Ce n'était donc pas le cas de faire montre d'amour-propre. Bientôt du haut des chaires furent proclamés les mérites de l'École française, fidèle gardienne de la liberté et de la dignité humaines, qui, sans s'écarter des principes éternels, sait toujours les combiner avec le progrès du temps et le besoin des siècles. A la tête des novateurs se présentait l'illustre Thibaut, professeur de Heidelberg, qui, dans la courte existence du royaume de Westphalie, avait pu juger à l'application les salutaires maximes de notre Code. A la chute de l'empire français, il vit l'Allemagne replacée sous le joug des routines locales, livrée à l'aveugle tradition, morcelée par la coutume, étouffée sous l'immobilité d'un droit privé de liberté; Thibaut demanda qu'on rendît le mouvement à ce corps inerte ; il demanda surtout qu'on introduisît l'unité dans la nation allemande, en lui donnant un corps de lois uniformes. Le livre qu'il publia à ce sujet eut un immense retentissement; on voyait l'esprit d'innovation et de liberté se proclamer hardiment; on voyait l'idée française menacer l'Allemagne d'une invasion nouvelle. Les amis de la liberté applaudirent; les partisans de l'absolu s'émurent et firent partager leurs émotions à toutes les ames petites qu'animaient des rancunes nationales. Savigny se chargea de combattre l'esprit novateur. Ce fut l'occasion de sa brochure sur *la vocation de notre époque pour la législation et la jurisprudence.*

Cet écrit, où se trouve formulée la théorie que nous avons signalée, est un manifeste plein de colère contre l'Ecole française. Savigny appartient essentiellement à cette classe de politiques rancuniers que Bœrne appelle *gallophobes*, et qui contestent à la France tous ses titres de gloire. Aussi se moque-t-il lourdement des progrès du dix-huitième siècle, et poursuit-il de plaisanteries tudesques le Code des Français; c'est, suivant lui, *une espèce d'écrevisse qui s'est glissée en Allemagne.*

Heureusement pour Savigny, on fit peu attention à ses bons mots. Mais ses argumens affectaient un certain air de profondeur qui fit sensation. Les gallophobes poussèrent des cris de triomphe ; et cependant, aveuglement étrange de l'esprit de parti ! c'était à un écrivain français que Savigny empruntait tous les matériaux de sa doctrine. L'éloquent et paradoxal de Maistre avait prêché en bien plus beau langage cette théorie que les Allemands prenaient pour une création indigène. La contrefaçon est cependant si évidente que, même le mot fondamental de la théorie savinienne, la *végétation* du droit, est ouvertement pris de de

Maistre, qui a dit : « Les constitutions ont pour ainsi dire *germé* d'une manière insensible, etc. (1).

Nous avons déjà combattu la formule de Savigny, nous compléterons notre discussion en examinant les propositions de de Maistre. Elles ont au moins le mérite d'être énoncées en termes intelligibles.

« Voici, dit de Maistre, par quels caractères Dieu nous avertit de notre faiblesse et du droit qu'il s'est réservé dans la formation des gouvernemens.

» 1° Aucune constitution ne résulte d'une délibération ; les droits des peuples ne sont jamais écrits, ou du moins les actes constitutifs ou les lois fondamentales écrites ne sont jamais que des titres déclaratoires des droits antérieurs, dont on ne peut dire autre chose, sinon qu'ils existent parce qu'ils existent.

» 2° Dieu, n'ayant pas jugé à propos d'employer dans ce genre des moyens surnaturels, circonscrit au moins l'action humaine, au point que dans la formation des constitutions les circonstances font tout, et que les hommes ne sont que des circonstances. Assez communément même, c'est en courant à un certain but qu'ils en obtiennent un autre, comme nous l'avons vu dans la constitution anglaise.

» 3° Les droits du peuple proprement dit partent assez souvent de la concession des souverains, et dans ce cas il peut en conster historiquement ; mais les droits du souverain et de l'aristocratie, du moins les droits essentiels, constitutifs et radicaux, s'il est permis de s'exprimer ainsi, n'ont ni date, ni auteurs.

» 4° Les concessions mêmes du souverain ont toujours été précédées par un état de choses qui les nécessitait, et qui ne dépendait pas de lui.

» 5° Quoique les lois écrites ne soient jamais que des déclarations de droits antérieurs, cependant il s'en faut de beaucoup que tout ce qui

(1) *Considérations sur la France*, chap. 6, p. 80.

peut être écrit, le soit; il y a même toujours dans chaque constitution quelque chose qui ne peut être écrit, et qu'il faut laisser dans un nuage sombre et vénérable, sous peine de renverser l'Etat.

» 6° Plus on écrit est plus l'institution est faible, la raison en est claire : les lois ne sont que des déclarations de droits, et les droits ne sont déclarés que lorsqu'ils sont attaqués; en sorte que la multiplicité des lois constitutionnelles écrites ne prouve que la multiplicité des chocs et le danger d'une destruction. »

Examinons successivement tous ces axiomes. Il y a en eux du vrai; voilà pourquoi ils ont un certain air de logique; mais le vrai n'y est pas complet : voilà pourquoi le philosophe de la tradition arrive à de fausses conséquences.

De Maistre veut prouver que les constitutions ne s'écrivent pas et ne doivent pas s'écrire. C'est la même thèse que Savigny; seulement c'est un peu moins déraisonnable; car il ne s'agit pas du Code civil. Or, quel est son argument? le voici : les actes constitutifs ou les lois fondamentales écrites ne sont jamais que des titres déclaratoires de droits antérieurs, dont on ne peut dire autre chose, sinon qu'ils existent parce qu'ils existent. Voilà qui est parfaitement bien dit. Les lois ne sont que les titres déclaratoires de droits antérieurs; c'est vrai. Ces droits existent parce qu'ils existent; c'est encore vrai. Mais ces droits ne constituent-ils pas ce que Montesquieu appelle les rapports nécessaires des choses, ce qu'Ulpien proclame les choses divines? N'est-ce pas l'élément divin que nous avons signalé dans la loi? Or, pour que l'élément divin puisse se manifester aux hommes, ne faut-il pas qu'il prenne des formes humaines? Ne faut-il pas y introduire l'élément humain? Que de Maistre ou Savigny nous mettent sous les yeux une ame sans corps, et qu'ils nous fassent entrer en rapport avec elle, alors nous confesserons qu'il peut y avoir une constitution sans écriture. Jusque là nous soutiendrons que, malgré l'origine divine de la loi, il lui faut une formule humaine; et quel est le législateur qui a prétendu faire autre chose?

De Maistre, dans son horreur pour les assemblées délibérantes, s'écrie : « Aucune constitution ne résulte d'une délibération. » Sans doute, s'il entend par constitution les droits antérieurs dont il parle ; mais aucune assemblée n'a eu la folle prétention de créer les droits fondamentaux en vertu desquels elle écrit la loi. Elle sait fort bien qu'il existe des droits antérieurs à la loi qu'elle va écrire, antérieurs à elle-même. Car, en vertu de quoi se met-elle à délibérer ? Évidemment en vertu de droits qu'elle n'a pu créer. Du moment qu'elle délibère, et par le fait même de sa délibération, elle reconnaît qu'il y a des droits antérieurs ; car sans ces droits elle n'aurait pas la raison de son existence. La convention elle-même, qui certes se montrait bien indépendante à l'égard de la tradition, place en tête de sa constitution des droits antérieurs à elle : les droits de l'homme ; c'est-à-dire une abstraction, c'est-à-dire l'élément divin. Elle accordait sans doute à celui-ci une part trop étroite ; mais elle ne prétendait pas faire autre chose que de formuler, selon l'expression de de Maistre, des titres déclaratoires de droits antérieurs, dont on ne peut dire autre chose, qu'ils existent parce qu'ils existent. Lors donc qu'une assemblée délibère, elle ne délibère que sur la formule ; et cette formule ne peut être que la manifestation sensible d'une loi qui est déjà dans tous les cœurs, et qui sans cela ne serait pas acceptée. L'assemblée ne crée pas l'esprit de la loi, car l'esprit de la loi est dans la nation elle-même ; mais l'assemblée donne à la loi un corps en écrivant la formule.

Les mêmes raisonnemens répondent à toutes les autres propositions. Celle-ci, par exemple, est non moins vraie que la première, et non moins incomplète par de fausses conclusions. « Dans la formation des constitutions, les circonstances sont tout, et les hommes ne sont que des circonstances. » Ici, de Maistre accorde tout aux hommes après leur avoir tout refusé. En effet, si les circonstances font tout, et si les hommes sont des circonstances, il en résulte que les hommes font tout. Nous n'en demandons pas tant. Acceptons les hommes comme des circonstances; mais admettons en même temps que ces circonstances doivent avoir leur action, leur manifestation extérieure, en un mot leur formule.

Au surplus, de Maistre lui-même renverse sa propre argumentation dans les premiers mots du chapitre que nous citons : « L'homme, dit-il, peut tout modifier dans la sphère de son activité, mais il ne crée rien. » Puis il ajoute : « L'homme peut sans doute planter un pépin, élever un arbre, le perfectionner par la greffe, et le tailler de cent manières; mais jamais il ne s'est figuré qu'il avait le pouvoir de faire un arbre. » Voilà d'excellentes paroles que nous pouvons accepter sans restriction, et nous répondrons à l'illustre écrivain : L'assemblée qui délibère sur la formule d'une constitution ne fait que modifier les choses dans la sphère de son activité; elle ne crée rien et ne prétend rien créer; elle perfectionne par la greffe l'arbre des constitutions; mais jamais elle ne s'est figuré qu'elle avait le pouvoir de faire l'arbre.

Où est donc le législateur assez inepte pour nier la loi antérieure? Le plus grand des réformateurs, Jésus-Christ, disait : Je viens accomplir la loi. Et tous les législateurs disent la même chose; sans cela ils ne seraient pas écoutés. Car, en vertu de quoi parleraient-ils, si ce n'est en vertu du droit divin qui a cessé d'être représenté dans la formule humaine.

Quelques mots encore sur la proposition dernière.

« Plus on écrit, dit de Maistre, et plus l'institution est faible. La raison en est claire. Les lois ne sont que des déclarations de droits, et les droits ne sont déclarés que lorsqu'ils sont attaqués. »

Cette assertion comme toutes les autres n'est qu'à moitié vraie. Souvent, nous en convenons, les droits sont déclarés lorsqu'ils sont attaqués. Mais plus souvent encore, ils sont déclarés lorsqu'après avoir été longtemps contestés, ils sont enfin sanctionnés par le triomphe. La déclaration des droits est alors comme la déclaration de la conquête, le bulletin de la victoire. Bien loin donc que la manifestation écrite soit une preuve de faiblesse, elle est une preuve de force; elle n'est, il est vrai, qu'une déclaration de droits antérieurs, de droits contestés, mais elle témoigne que ces droits ne sont plus contestables. Quand l'assemblée nationale inscrivait les droits de l'homme en tête de sa constitution, c'était comme une prise de possession du droit souverain; et quand Louis XVIII reconnaissait par le premier article de la charte l'égalité devant la loi, il avait beau dire qu'il octroyait volontairement la constitution, il savait bien qu'elle lui était imposée par la force des choses, il savait bien qu'il enregistrait et consacrait les défaites passées de la royauté. Assurément alors l'écriture ne prouvait pas la faiblesse de l'esprit de liberté; elle prouvait au contraire que, même après avoir traversé le despotisme de l'empire, il était encore assez fort pour contraindre à une transaction le représentant de l'antique monarchie.

De Maistre, cependant, malgré ses principes absolus, n'allait pas jusqu'à proscrire la codification dans la loi civile. Savigny montre plus de courage, et il faut le dire, plus de logique. Mais la logique, quand elle part d'une fausse donnée, rend plus saillantes les erreurs à mesure qu'elle avance; et la meilleure réfutation d'un principe vicieux se rencontre toujours dans les doctrines qu'il enfante. Savigny, en poursuivant les conséquences de la théorie de de Maistre, ne fait qu'apporter à la critique des argumens plus solides.

Nous devons ajouter au surplus que l'Ecole française rencontra parmi les compatriotes de Savigny de nombreux défenseurs. Thibaut continua glorieusement la lutte, et il a été depuis dignement secondé par Mittermaier, qui a jugé avec sagesse qu'une question scientifique n'était pas une question nationale. Aussi fit-il bonne justice de cette mesquine politique qui ne connaît pas d'autre axiome que le *timeo Danaos*.

Mais, pendant que les savans de l'Allemagne se disputaient sur les avantages et les inconvéniens de la codification, les différens peuples de l'Europe décidaient la question en faveur de l'Ecole française, en rédigeant des codes qui empruntaient aux nôtres leurs principales disposi-

tions, leur coordination logique et jusqu'à leur texte précis et philosophique.

Déjà au dix-huitième siècle, Frédéric, inspiré par les encyclopédistes,
avait entrepris la publication d'un code civil uniforme pour tous les
Etats prussiens. Son œuvre, souvent interrompue, ne fut achevée qu'en
1794. Une nouvelle édition du Code prussien parut en 1803 avec quelques modifications. On y prépare aujourd'hui de nouveaux changemens (1).

Cependant la domination française s'était établie par le traité [de
Tilsitt dans plusieurs provinces prussiennes, et avec elle s'était introduit
le Code Napoléon. Les événemens de 1814 empêchèrent la législation
nouvelle de prendre racine. Les provinces Rhénanes seules persistèrent
à maintenir chez elles les codes français, malgré les efforts du gouvernement prussien, malgré les opiniâtres tentatives de Savigny, devenu mi-
nistre, et voulant transporter dans la pratique la guerre qu'il avait, dans
ses théories, déclarée à l'Ecole française.

D'autres pays réunis à la France sous l'empire n'ont pas cru devoir,
après la séparation, renoncer à des bienfaits qu'ils avaient pu apprécier.
Le royaume de Naples a conservé les cinq Codes avec quelques modifications peu importantes, et la juridiction nouvelle s'est même trouvée
développée par la restauration, puisqu'on l'a étendue sur la Sicile, qui
jusque là était régie principalement par le droit romain.

Le Code sarde publié en 1838 est la reproduction fidèle des codes
français, mais avec des additions souvent utiles, et avec des améliorations indiquées par l'expérience. On peut signaler entre autres innovations heureuses l'abolition en principe de la mort civile, l'obligation
de fournir des alimens aux frères et sœurs, et des changemens dans le
système hypothécaire, ayant surtout pour but d'atténuer l'effet des hy-
pothèques légales.

(1) Coïncidence entre les codes civils étrangers et le Code Napoléon, par M. Anthoine de
Saint-Joseph.

En Suisse le Code civil vaudois et le Code d'Argouin sont remplis des souvenirs de la législation française.

Dans la Louisiane fut promulgué en 1808 le projet du Code Napoléon, tel qu'il avait été soumis au tribunat. Depuis, on y a introduit à plusieurs reprises des modifications notables, mais qui sont loin d'être un progrès.

Enfin le Code néerlandais publié en 1838 puise la plupart de ses inspirations dans les formules du législateur français.

Il n'est pas jusqu'au Code autrichien, achevé définitivement en 1810, qui ne subisse l'influence du génie français, malgré les antipathies de l'esprit national, soulevées alors contre l'oppression du conquérant impérial.

Mais le code qui devait avoir le plus d'influence sur le monde, parce que par sa nature spéciale il pouvait plus facilement servir de code international, fut le Code de commerce. Déjà les deux célèbres ordonnances de Louis XIV, en 1673 et 1681, avaient servi de modèle à toutes les nations commerçantes. Elles furent encore la base du Code de 1807; mais on y ajouta les dispositions nouvelles que nécessitaient et les progrès de l'industrie, et la diversité des produits de toute espèce, et la multiplicité toujours croissante des rapports internationaux.

Les rédacteurs du Code comprenaient combien il serait utile de donner à leur œuvre un caractère d'universalité qui pût triompher des préjugés nationaux et le faire apparaître comme la pensée commune de tous les peuples. « Il est, disaient-ils dans l'exposé des motifs, d'une haute » importance que le Code de commerce de l'empire français soit rédigé » dans des principes qui soient adoptés par toutes les nations commer- » çantes, dans des principes qui soient en harmonie avec les grandes » habitudes commerciales qui embrassent et soumettent les deux » mondes. »

Un patient et laborieux magistrat (1) a, dans un ouvrage spécial, signalé tous les rapports qui existent entre les codes étrangers et les nôtres. Grace à cet intéressant travail, nous pouvons raconter en quelques lignes les heureux résultats des efforts de nos devanciers, et démontrer sans peine l'immense influence de l'Ecole française dans les progrès et le développement du droit commercial, sans compter les pays annexés à l'empire, et pour lesquels les bienfaits de notre législation étaient une conséquence forcée de la conquête; plusieurs états souverains, tels que la Pologne, la Hollande et différens duchés de l'Allemagne demandèrent spontanément la promulgation des Codes français.

Même après la réaction qui se manifesta en 1814 contre les idées françaises, même après le démembrement de l'empire, plusieurs états qui changeaient de maîtres ne voulurent pas changer de lois. Le Code de commerce fut conservé à Gênes, dans la Bavière et la Prusse rhénane, dans les duchés de Luxembourg, de Parme, de Modène, de Massa-Carrara et de Toscane, dans la ville de Cracovie et le royaume de Pologne, dans les Etats de l'Eglise et le royaume des Deux-Siciles. Si l'on y introduisit quelques modifications, ce fut pour lui donner une force nouvelle en l'accordant avec les circonstances locales.

La Hollande et la Sardaigne, voulant aussi avoir leur Code de commerce, prirent pour base le Code français, et les plus sages de leurs innovations furent empruntées aux nouvelles lois votées par nos chambres.

Le Code de commerce espagnol publié en 1829, entièrement imité du nôtre, comblait aussi plusieurs lacunes importantes.

En 1833, le Portugal rendait le même hommage au génie français; et tout récemment encore le Wartemberg a fixé sa législation commerciale, dans un projet complètement emprunté au monument impérial.

Enfin, pour satisfaire à ce besoin général de codification, l'empereur

(1) M. Anthoine de Saint-Joseph. — Concordance entre les codes de commerce étrangers et le Code de commerce français.

Nicolas a fait achever un immense ouvrage commencé en 1700 par
Pierre le Grand, et qui offre l'ensemble complet de toute la législation
russe, le résumé de tous les ukases publiés depuis 1649, classés par
ordre de matières.

Ainsi partout est suivie l'impulsion donnée par l'Ecole française;
partout la codification triomphe de la coutume; partout l'esprit nouveau
proteste contre les vaines théories des docteurs cramponnés au passé. La
codification est commandée par les souverains, car elle est une mesure
d'ordre; elle est accueillie par les peuples, car elle est un acte de liberté
et de progrès. Dans le domaine du droit, la victoire de la révolution
française n'est plus contestée; et même dans les pays où l'on repousse
avec méfiance ses idées, on est obligé de rendre hommage à ses principes
et à la supériorité de sa méthode.

Et cependant, par une étrange anomalie, par un de ces reviremens
d'idées qui ne s'expliquent que par les réactions politiques, au moment
où la pensée française triomphe au dehors de toutes les antipathies, elle
rencontre en France même une opposition altière, qui prétend lui imposer silence, et la livrer en holocauste aux apôtres de l'étranger. De
l'Ecole doctrinaire est sortie une nouvelle secte *gallophobe*, qui veut na-
turaliser dans nos écoles et dans nos académies les doctrines de l'Ecole
historique allemande. Ardens et souples à la fois, les néophytes se pros-
ternent avec ferveur devant les ombres du passé; mais ils savent où
rencontrer les récompenses du présent. Le croirait-on? C'est l'Université
de France qui encourage la révolte contre l'Ecole française. Elle appelle
dans ses chaires les adorateurs superstitieux de la coutume! Elle leur
ouvre ses académies, et les convie au partage de toutes ses gloires (1)!
Nous sommes menacés d'une nouvelle invasion étrangère, ou plutôt

---

(1) On sait avec quel zèle MM. Guizot et Villemain ont appuyé une récente candidature
à l'Académie des Inscriptions et Belles-Lettres. Ces deux ministres ont dérobé une journée
presque entière aux affaires de la France pour pousser au fauteuil un adepte de l'Ecole allemande, lequel soutient, entre autres doctrines, que *l'histoire mêlée à l'exégèse est un moyen
sûr de brouiller toutes les idées.* Jamais bataille académique ne fut plus animée.

l'invasion est déjà triomphante. C'était bien la peine, vraiment, de voir nos Codes partout accueillis, ou partout imités, pour entendre en même temps les ennemis de nos Codes parler en maîtres dans le sanctuaire d'où ils sont émanés. La révolution française et Napoléon triomphent au dehors; à Paris, on réserve les triomphes pour les disciples de de Maistre et de Savigny.

Il faut en convenir, le gouvernement est bien d'accord avec lui-même. A côté de la réaction politique marche la réaction scientifique. Sa logique est complète. Mais on devra reconnaître aussi que notre logique ne l'est pas moins, lorsque nous nous insurgeons contre ces professeurs qui marchent à rebours, aussi infidèles à la science française qu'à la politique nationale. Qu'on le sache bien; ce n'est pas au hasard que s'exprime l'opinion démocratique; ce n'est pas par une vaine fantaisie d'opposition qu'elle élève la voix. Non; elle a la prétention de raisonner ses doctrines, et de leur trouver une base solide dans les maximes de la science abstraite, comme dans l'enseignement des faits, dans les magnifiques leçons de nos aïeux comme dans les actes éclatans de nos contemporains. Une idée politique n'est rien, si elle n'a pour base une idée scientifique; mais une idée scientifique est jugée, lorsqu'elle produit une politique funeste. Que l'on frappe l'Ecole française, nous nous associons volontiers à une noble disgrace. Que peut-on attendre de mieux? Les élèves de de Maistre sont au pouvoir. Mais nous plaçons nos espérances dans l'avenir; nous avons confiance dans la vitalité puissante de l'école française; et ce n'est pas au moment où elle poursuit ses conquêtes sur tout le reste du globe qu'on parviendrait sournoisement à la chasser de chez elle.

Nous savons en outre que l'alliance de la politique et de la science est considérée comme une fiction par la jeune Ecole germanique qui rôde aux portes de l'Institut. Ou plutôt, pour être mieux à l'aise, elle nie la politique. Il n'y a de vrai que la science, dit-elle, le reste n'est que vanité; et telle ou telle forme de gouvernement est tout-à-fait indifférente en soi. Nous comprenons facilement combien cette argumentation est accomodante, combien surtout elle abaisse d'obstacles malencontreux. Mais ni la logique ni la morale ne sauraient l'accueillir. Nous ne nions pas, certes, les vérités de la science, quoiqu'elles puissent souvent être obscurcies par de fausses doctrines. Mais ces vérités, faut-il les laisser à l'état d'abstraction ? Ne doivent-elles pas trouver leur application dans les réalités de la vie, et la science ne doit-elle pas être utile en même temps qu'être vraie? Sa vérité même ne se juge-t-elle pas sur son utilité? Nous ne disons pas que l'utile seul soit le vrai, mais nous disons que le vrai est toujours l'utile. Or, la politique n'est que l'application utile d'une vérité scientifique; et toute science qui prétend être vraie doit démontrer que sa logique conduit à cette application. Car si la science n'est vraie que pour la satisfaction d'elle-même, à quoi le vrai serait-il bon ? Tout au plus à pourvoir de chaires les professeurs en disponibilité; et l'utilité d'une pareille conséquence serait fort contestable.

Avouons-le donc; la politique est vraie non moins que la science, et non moins respectable; ou plutôt, la science et la politique ne font qu'un. Si la science est vraie, la politique qui en sortira ne le sera pas moins : si la politique est vraie, elle atteste la vérité de la science qui l'aura produite.

Tout se tient, tout s'enchaîne; on ne saurait séparer un fait humain de la pensée humaine. On ne saurait isoler la pensée, sans la rattacher à un fait. Rien n'est indifférent en soi, dans la sphère de l'activité; et rien n'est moins indifférent pour l'amélioration des peuples et le repos des nations que la forme du gouvernement.

Les observations qui précèdent peuvent encore s'adresser à une autre école qui professe également l'indifférence en matière politique. Nous voulons parler de l'Ecole dite Socialiste. Les réformes politiques, selon elle, ne sont que de vaines abstractions qui ne valent pas la peine qu'on les discute ; une seule chose doit occuper le législateur et les publicistes, c'est la satisfaction des besoins matériels, le soulagement des souffrances physiques, l'amélioration du sort des travailleurs. Voilà ce qu'il faut mettre avant tout et par dessus tout, sans s'occuper ni de l'extension du suffrage électoral, ni des vices du régime parlementaire, ni des conflits du pouvoir mal défini.

Assurément on ne nous accusera pas de nous montrer indifférens au sort des travailleurs, et nous avons assez souvent témoigné de notre sollicitude à cet égard pour qu'il nous soit permis de faire justice d'une logique fourvoyée, et de protester contre une doctrine étroite et exclusive.

D'abord, sans la réforme politique obtiendrait-on la réforme sociale (1)? Il est permis d'en douter, à voir l'apathie et la mauvaise volonté des gouvernemens, la résistance et les tyrannies des intérêts en litige. D'ailleurs, l'histoire des faits passés peut confirmer nos doutes et justifier nos méfiances. Y a-t-il une seule amélioration matérielle un peu importante qui se soit produite sans le secours d'une réforme politique, et la réforme politique n'a-t-elle pas toujours précédé la réforme sociale? Pour ne parler que des faits les plus récens de notre histoire, ne sait-on pas que ce sont les réformes politiques de notre révolution qui ont amené les réformes sociales introduites dans nos lois? Les modifications de la propriété, l'abolition des substitutions, la suppression des biens de main-morte, l'égalité de partage entre les enfans, enfin les nombreuses modifications introduites dans la vie civile, dans le seul but du bien-être personnel, eussent-elles été accomplies si les tempêtes politiques n'avaient soufflé dans les hautes régions du pouvoir? La suppression des redevances féodales était sans contredit une réforme toute matérielle qui délivrait l'agriculture d'un impôt onéreux. Mais la noblesse, à qui

(1) Nous employons ce mot dans un sens opposé à la réforme politique, parce que c'est un terme presque consacré par l'usage ; mais, à vrai dire, l'épithète ainsi restreinte n'a plus son véritable sens. Car toute modification à la société humaine est une réforme sociale, depuis l'abaissement du cens électoral jusqu'à l'exhaussement du salaire, depuis le renversement d'un trône jusqu'à l'établissement du conseil des prud'hommes.

profitait l'abus, aurait-elle consenti à l'affranchissement de la propriété, si auparavant la réforme n'eût menacé la noblesse dans son existence politique ? Enfin n'est-ce pas aujourd'hui, par une réaction dans les idées politiques, que l'on tolère la coalition des maîtres pour appliquer toutes les sévérités de la loi à la coalition des ouvriers ? Nous voudrions bien voir les Socialistes tenter, par exemple, la réorganisation de la propriété en Irlande, sans ébranler le gouvernement établi. En effet, n'y a-t-il pas là une foule de droits acquis qu'un gouvernement est bien obligé de respecter ? D'un autre côté, n'y a-t-il pas d'immenses souffrances qui demandent à être soulagées ? Et cependant, de part et d'autre, il n'y a pas de transaction possible ; et le jour où le gouvernement voudra être juste, il succombera à la tâche ; car, à force d'avoir accumulé les injustices sur l'Irlande, le gouvernement anglais ne peut plus les réparer. L'oppresseur séculaire porte lui-même le poids de ses propres iniquités : ce long amas de crimes devenus inexpiables défie toutes les ressources de la justice humaine ; et la justice divine ne peut plus être satisfaite que par une révolution.

Pour nous, nous avons accompli ce terrible sacrifice. La réforme peut désormais poursuivre des conquêtes pacifiques. Mais qu'on le sache bien, la réforme sociale ne peut sortir que de la réforme politique. C'est une filiation obligée. Car c'est la réforme politique qui seule aura le pouvoir et la volonté d'accomplir la réforme sociale. Si la réforme sociale est le but, la réforme politique est le moyen.

Et cependant n'est-elle qu'un moyen ? Ce serait lui reconnaître un caractère secondaire ; ce serait, nous devons le dire, en faire trop bon marché. Aussi, pour nous, est-elle bien autre chose, et ce n'est pas là que se borne sa mission. En effet, si la réforme sociale doit être un moyen de satisfaction pour les besoins matériels, la réforme politique est destinée à satisfaire des besoins intellectuels et moraux. « L'homme ne vit pas seulement de pain, a dit Jésus-Christ, mais de la parole de Dieu. » En d'autres termes, l'esprit a ses appétits comme le corps, et ces appétits sont non moins impérieux. L'homme, en sa qualité d'être moral, a la conscience de ses droits sociaux, et le cri de la conscience est aussi puissant que le cri de l'estomac. En sa qualité d'être libre et intelligent, il a le sentiment de sa dignité, et les conditions de sa vie spirituelle veulent être accomplies non moins que les conditions de sa vie organique. Quand les Socialistes demandent avec ironie quelle serait pour les travailleurs l'utilité de l'extension du suffrage électoral, ou la satisfaction de tout autre droit politique, ils montrent qu'ils ne connaissent l'homme que dans sa structure anatomique; ils ne tiennent pas compte des aspirations de la pensée, des nobles jouissances de l'orgueil, des obligations morales qu'impose l'estime de soi-même, et de ce profond sentiment du devoir qui naît avec l'accomplissement d'un droit. Ils amoindrissent les gouvernemens non moins que l'homme, en ne leur imposant d'autres fonctions que celles d'un père nourricier. Qu'importe, en effet, d'offrir au citoyen une carte d'électeur? qu'importe de l'appeler à la vie intellectuelle, d'agrandir la sphère de sa pensée, de chercher à le rendre meilleur en lui donnant une idée meilleure de lui-même? Tout cela c'est de la politique vague, illusoire, nébuleuse. Il y en a une autre qui s'appelle avec satisfaction politique positive. Sa formule est bien simple : Engraissez le citoyen, et vous gouvernerez tranquilles.

Il faut pourtant que les Socialistes se trompent étrangement, ou bien que les peuples n'aient guère de logique. Car toujours ils ont versé leur sang pour des abstractions, pour des droits immatériels, pour des idées plus ou moins bien définies. Sans compter les nombreux martyrs qui sacrifiaient leur vie pour les abstractions du christianisme, renfermons-nous dans le cercle de notre histoire contemporaine. Par quelle puissance s'est accomplie la révolution française? Par la puissance de l'idée. Ce ne sont point les exigences d'un besoin matériel qui ont renversé le plus puissant trône de l'univers, mais les susceptibilités de la dignité humaine méconnue. Les droits de l'homme, voilà le mot magique qui a fait lever une nation en armes; voilà le talisman qui a fait sortir de terre quatorze armées de héros. Et, cependant, même alors que l'enthousiasme était à son comble, les besoins matériels étaient partout en souffrance. Le pain était mesuré à chacun avec parcimonie, et nul n'était assuré de la subsistance du lendemain. Croit-on que la convention ait obtenu les mêmes résultats avec des questions de salaire? Assurément non! Les besoins matériels ne sont ni si dévoués, ni si courageux. Ils ne sauraient commander le sacrifice de la vie; car de tous les biens matériels, la vie est sans contredit le plus précieux.

Nous avons déjà cité l'Irlande; mais c'est ici surtout que son exemple peut nous instruire. Dans ce pays des misères fabuleuses, trois millions d'hommes sont, tous les ans, décimés par la famine. Et voilà six siècles que cela dure, sans que la famine ait eu le pouvoir de faire réussir une insurrection! En Angleterre, où des multitudes d'ouvriers affamés demandent vainement du pain à leurs maîtres millionnaires, le gouvernement peut en sécurité rester sourd à leurs cris et insensible à leurs souffrances. Le jour, dit-on, viendra peut-être où ils sauront se faire justice. Nous répondons hardiment que non. Mais le jour viendra où une idée nouvelle voudra se réaliser, et l'idée trouvera pour instrumens les bras de ceux qui souffrent. Jamais la souffrance toute seule ne donnerait à ses bras l'impulsion victorieuse qui renverse tous les obstacles; jamais les aspirations vers un bien-être matériel ne communiqueraient à ces cœurs endoloris l'enthousiasme qui fait mourir avec joie. La faim produit l'émeute; l'idée seule enfante une révolution. Car l'émeute, c'est la convulsion d'un malade qui ne veut pas mourir, la clameur du désespoir qui demande pitié, le douloureux retentissement de toutes les agonies passées. La révolution, c'est la voix d'une pensée qui déborde, le cri de l'espérance qui salue l'avenir, l'aurore d'une ère nouvelle pour l'intelligence humaine.

Pourquoi les Français se montrent-ils si facilement disposés à verser leur sang, à se jeter tête baissée dans les périls. Ils ne sont pas cependant plus que d'autres insoucians de la vie, ou indifférens au bien-être matériel. Mais ils sont plus que d'autres enclins à se passionner pour une idée, à combattre pour une abstraction; et voilà pourquoi ils accomplissent si résolument de périlleuses tentatives. De profonds politiques ont fait entendre d'agréables plaisanteries sur les combattans de 1830, qui tombaient au cri de vive la Charte, sans comprendre la formule qui les conduisait à la mort. Ces savans Aristarques ne comprenaient pas eux-mêmes ce qu'il y a de puissance dans un idéal politique même enveloppé d'obscurité.

On s'est étonné encore de voir à la suite de chaque révolution augmenter le fardeau des impôts, sans que le peuple vainqueur songeât à protester. C'est que le fardeau des impôts n'était qu'un grief secondaire, qui figurait auprès des autres. Mais lorsque les autres sont satisfaits par la victoire, celui-là est trop infime pour motiver un soulèvement. Car chacun sent bien qu'il y aurait duperie à se faire tuer pour le dégrèvement de quelques centimes. Il en est ainsi de tous les besoins matériels, ils ne sauraient passionner l'homme jusqu'au sacrifice de lui-même.

Et c'est précisément parce qu'ils ne sont pas aptes à se satisfaire, que le gouvernement leur doit toute sa sollicitude, que les hommes politiques leur doivent un infatigable appui. Réchauffons donc les cœurs tièdes; appelons sans cesse l'intérêt sur la classe des travailleurs; cherchons avec une laborieuse persévérance un remède à tant de maux. Mais ne nous arrêtons pas seulement aux souffrances de la matière; ne nous renfermons pas dans la politique de l'estomac, et tout en travaillant à soulager le corps, attachons-nous surtout à développer l'esprit, à poursuivre sans relâche les conquêtes de l'intelligence. Or, c'est la réforme politique qui conduit à ces nobles résultats; car elle est non-seulement le moyen le plus puissant pour la réforme sociale, elle est aussi un but digne de tous nos efforts, un hommage solennel à la conscience humaine.

L'École socialiste n'est donc pas plus en droit que l'École historique de prêcher l'indifférence en matière de gouvernement. L'une et l'autre ne voient qu'une face de la nature humaine. L'une fait de l'homme un pur esprit, nuageux, séparé du monde extérieur et sans rapport avec les autres hommes, proscrivant par là toutes les idées de morale, qui ne sont que des idées de rapports. L'autre fait de l'homme un composé matériel qui place en première ligne ses appétits gastriques. L'homme social proteste contre ces théories extrêmes, et prouve, par tous ses actes, qu'il n'est ni un esprit sans relations extérieures, ni un corps sans besoins intellectuels.

Si nous faisions ici l'histoire complète de l'Ecole française, nous aurions à commenter d'autres théories, et à signaler, même au milieu d'erreurs capitales, une ardeur de connaître et un besoin d'améliorer qui témoignent toujours que l'activité des esprits ne s'est pas ralentie, quoique souvent elle se consume en tentatives plus audacieuses que véritablement utiles. Toutefois, au milieu des mouvemens désordonnés de la pensée, l'Ecole française reste toujours fidèle à ses principes, et du sein même des réactions qui l'entraînent dans des systèmes exclusifs, tantôt vers l'absolu seul, tantôt vers la liberté seule, elle sait revenir à propos au vrai dans son ensemble, et en ressaisir tous les élémens par l'heureuse conciliation du nécessaire et du contingent, des lois humaines et des lois divines; tandis que les Allemands restent ensevelis dans la pensée abstraite, sans toucher par aucun point aux choses de la terre; tandis que les Anglais, enchaînés aux intérêts matériels, demeurent étrangers au monde de la pensée, les Français, combinant les doubles forces de la pensée et de l'action, interrogent avec ardeur la science, et appliquent avec enthousiasme les préceptes qu'elle leur donne. Qu'importe si, parfois, égarés dans leur route, ils tombent dans de graves périls, et s'exposent à de rudes sacrifices? Quand il s'agit pour eux de l'application d'une idée, de la réalisation d'une théorie, ils sont habitués à faire bon marché de leurs personnes. C'est cette constante disposition au sacrifice, cette facile abnégation de soi-même, qui assigne au peuple français les véritables caractères de l'initiateur. C'est cette ardeur empressée dans les recherches scientifiques, et cette vigoureuse logique dans l'application, qui, dans le domaine du droit, atteste la suprématie de l'Ecole française et maintient son initiative. En vain l'esprit de secte voudrait lui contester cette gloire ; les faits parlent plus haut que la voix de quelques docteurs égarés ; et l'accueil empressé fait partout à ses Codes vaut mieux que le suffrage d'un grand-maître de l'Université, infidèle à sa mission. Même les idées qui n'appartiennent pas à l'Ecole française ne sont admises en Europe qu'après avoir été sanctionnées par elle. Le jury est une institution bien ancienne en Angleterre, et cependant nul peuple ne songeait à en réclamer le bénéfice. Il a fallu que la France l'introduisît dans ses lois pour que d'autres nations consentissent à l'adopter. Le génie français donne seul aux choses le caractère d'universalité qui est un des signes du vrai. Et c'est en présence de ces hommages de tous, de cette soumission volontaire de chaque nation à l'initiative française, qu'un pouvoir réactionnaire jette un défi au sentiment commun des peuples comme au sentiment national, en réservant toutes ses faveurs aux doctrines étrangères ! Qu'on leur fasse bon accueil ; nous le voulons bien : la France est hospitalière. Qu'on leur donne droit de bourgeoisie dans nos écoles ; nous y consentons. Mais que pour elles on dépouille les représentans de l'Ecole française ; qu'on accumule sur elles seules les dignités et les honneurs, c'est une offense à l'équité scientifique, non moins qu'à la justice nationale.

Nous avons fait connaître les titres de l'Ecole allemande, et l'on a pu juger le mérite de ces préférences, et l'on ne s'étonnera pas de nous entendre réclamer. Quelle idée nouvelle a-t-elle donc rencontrée ? Quel monde inconnu a-t-elle ouvert aux explorations de la science ? Elle a sans doute inventé des formules qui n'appartiennent pas à l'Ecole française, et que celle-ci n'a guère souci de lui contester. Mais dans les grandes questions qui depuis si long-temps divisent les Ecoles, dans les régions de la philosophie, dans le domaine du droit, quelles solutions a-t-elles apportées, quelles difficultés a-t-elle vaincues? Quelles sublimes découvertes peuvent justifier les dédains que professent pour l'Ecole française les docteurs d'outre-Rhin? Il leur appartient bien, en vérité, de se donner ces airs superbes, quand toutes leurs inventions consistent à copier nos maîtres, à piller jusqu'à nos erreurs.

Les encyclopédistes avaient placé l'homme en tête de l'univers, rapportant tout à lui et faisant tout dériver de lui. Kant découvre après eux que l'homme est son but à lui-même, en donnant toutefois à sa philosophie une couleur locale par la savante opposition de la raison pure et de la raison pratique, du subjectif et de l'objectif. Rousseau avait proclamé la souveraineté du moi, en annulant cette souveraineté par un contrat général. Fichte annonce la déification du moi, en limitant son Dieu par le Dieu du non-moi. Avec Rousseau, du moins, le droit social repose sur un contrat ; avec Fichte, il a pour fondement une borne.

Montesquieu avait signalé dans le droit l'accord des lois divines et humaines. Schelling, après lui, tente de concilier l'idéalisme et le réalisme; mais il s'égare à la recherche de l'unité, et ne sait comment introduire sa philosophie dans le domaine du droit civil. Quant à Hegel, on n'imagine pas sans doute qu'il ait inventé la Trinité; cependant, si on le dépouille de ses formules trinaires, que lui reste-t-il? La pensée qui se pense elle-même, c'est-à-dire le moi de Fichte et le subjectif de Kant. Enfin Savigny retranche le droit dans l'absolu. Mais de Maistre avait fait cette découverte avant lui. Il fait une théorie avec la végétation du droit; mais de Maistre avait signalé la végétation des constitutions. Il proteste avec force contre l'intervention humaine ; mais de Maistre avait déjà tonné contre cet audacieux sacrilége. Ainsi sur tous les points se rencontre l'imitation; partout se retrouve l'emprunt. Apôtres de la tradition, apôtres de l'innovation, défenseurs de l'autorité, partisans de la liberté, tous ont leurs précédens dans l'Ecole française. Même les idées qui n'ont plus cours chez nous sont reprises à nouveau, et ces philosophes dédaigneux font argent de nos rebuts ; le seul travail qu'ils aient à faire est de leur donner un goût de terroir germanique. Qu'après ces métamorphoses ils se croient créateurs, cela s'explique du moins par les égaremens de la vanité humaine et par les illusions de l'orgueil national. Mais que nous, méconnaissant le génie de nos pères, nous allions faire hommage à l'étranger des gloires de notre pays, que nous élevions un piédestal aux écrivains qui copient ceux qui nous ont copiés, c'est une abnégation par trop dérisoire, une modestie par trop ignorante.

Pour compléter cette introduction déjà bien longue, nous aurions besoin de signaler les améliorations qui ont été introduites dans nos Codes depuis leur première publication, et celles qu'il est temps d'y ajouter encore. Peut-être plus tard essaierons-nous de remplir cette tâche. Qu'il nous suffise aujourd'hui d'ajouter quelques mots pour démontrer qu'avec notre théorie du droit, l'application est facile, et que nous ne voulons pas nous borner au rôle de critique.

Nous avons combattu de Maistre et Savigny, qui ne voient dans le droit que l'absolu et la tradition.

Nous avons repoussé la proposition contraire de Rousseau et de Fichte, qui font dériver le juste et l'injuste de l'initiative humaine.

Et cependant, nous ne voulons ni dépouiller le droit de son caractère immuable ou divin, ni repousser du droit l'intervention humaine. Nous ne voulons ni affranchir l'individu de l'obéissance à la volonté générale, ni affranchir la volonté générale du respect pour la liberté de l'individu. En un mot, nous voulons concilier l'autorité et la liberté, la tradition et l'innovation, l'absolu et le relatif.

Cette conciliation ressort des principes que nous avons posés.

En effet, en considérant le droit comme l'accord des choses divines et humaines, il s'ensuit que ce qui est absolu dans le droit, ce qui est divin, existe indépendamment de l'homme, et ne peut par conséquent être modifié par lui. Il s'ensuit encore que le juste existe en soi et que la volonté générale elle-même ne saurait le modifier. Ce qu'elle modifie, c'est la formule par laquelle se manifestent les notions du juste et de l'injuste. La volonté générale rencontre une loi qui lui est supérieure : c'est la loi naturelle ou divine. Et cette même loi lui commande de respecter la liberté de l'individu. Car le respect de la liberté de l'individu est parmi les notions premières de justice que l'homme ne saurait enfreindre, par conséquent le divin dans le droit, l'absolu limite l'action de l'autorité et protége l'individu.

L'autorité n'a donc véritablement d'autre mission que de diriger l'intervention humaine, de rédiger la formule.

Or, la formule est essentiellement variable, et doit être en rapport avec le temps et les mœurs. Qui jugera donc le mérite de la formule? La volonté générale.

Ne l'oublions pas, la volonté générale n'exprime que ce qu'il y a d'humain dans la loi, ce qu'il y a de transitoire et de variable. Prise dans ce sens étroit, la définition de Rousseau deviendrait vraie, et l'on pourrait dire : La loi est l'expression de la volonté générale. Mais, encore une fois, ce n'est pas là toute la loi, tout le droit ; car la volonté générale ne pourrait faire que ce qui est injuste soit juste; elle peut seulement réglementer les applications du juste et punir les écarts de l'injuste. C'est donc la formule seule qui est l'expression de la volonté générale. Quant à la loi elle-même, à cette loi que Montesquieu appelle le rapport nécessaire des choses, elle demeure indépendante de la volonté générale, ou plutôt la volonté générale est tenue de lui obéir. Car l'autorité, non moins que l'individu, est tenue d'observer le juste.

Mais la formule étant l'expression de la volonté générale, l'individu est obligé de se soumettre à la formule.

Par conséquent, il y a obéissance de l'autorité à la loi, et par conséquent nécessité de respecter l'individu; obéissance de l'individu à la formule, et par conséquent nécessité de respecter l'autorité.

Ainsi, l'individu est protégé par ce qu'il y a de divin dans la loi, en même temps qu'il se soumet à ce qu'il y a d'humain. L'autorité dicte ce qu'il y a d'humain dans la loi, en même temps qu'elle se soumet à ce qu'il y a de divin.

Quand Bossuet s'écriait : Il n'y a point de droit contre le droit, il voulait dire : Le fait humain ne peut prévaloir contre le fait divin, la formule ne saurait contredire la loi.

Le droit ramène sans cesse l'homme à Dieu, et le rappelle sans cesse lui-même à la conscience de sa dignité, en le faisant participer à l'accomplissement de l'œuvre divine.

C'est ce double caractère de la loi qui rend la définition d'Ulpien éternellement vraie. Nous la répétons deux mille ans après lui, sans y rien ajouter, sans en rien retrancher, et tous les siècles rediront après l'École française : La science du droit est la connaissance des choses divines et humaines.

LEDRU-ROLLIN.

5 décembre 1841.

FIN DE L'INTRODUCTION.

PARIS. — IMPRIMERIE LANGE LÉVY ET COMP., 16, RUE DU CROISSANT.